제36회 공인중개사 시험대비 **전면개정판**   동영상강의 www.pmg.co.kr

박문각 공인중개사

KB210107

0791172622794

국승옥
부동산학개론
꾹간장

국승옥 편저

꾹쌤의~ 간편 암기장

박문각

이 책의 차례

CHAPTER

01

총론

박문각 공인중개사

01 부동산학의 이해

의 미	• 부동산 활동의 능률화 원리 및 그 응용기술을 개척하는 종합응용과학이다. • 부동산과 관련된 의사결정과정을 연구하기 위하여 법률적 · 경제적 · 기술적 측면 등 다양한 측면의 접근을 시도하는 종합응용과학이다. • 토지 및 그 정착물에 관하여 그것과 관련된 직업적 · 물적 · 법적 · 금융적 제 측면을 연구하는 학문이다.

🏠 부동산학의 학문적 성격

경험과학	인간의 구체적 경험을 바탕으로 한다.
규범과학	바람직한 부동산 활동을 유도한다.
사회과학	사회현상과 활동을 연구한다. (자연과학 ×)
응용과학	현실의 부동산 활동에 응용하고자 한다. (순수과학 ×)
종합과학	여러 학문과 연계되어 있는 종합과학이다.

02 부동산업의 분류(한국표준산업분류)

중분류	소분류	세분류
부동산 임대 및 공급업	부동산 임대업	• 주거용 건물임대업 • 비주거용 건물임대업 • 기타 부동산 임대업
	부동산 개발 및 공급업	• 주거용 건물 개발 및 공급업 • 비주거용 건물 개발 및 공급업 • 기타 부동산 개발 및 공급업
부동산 관련 서비스업	부동산 관리업	• 주거용 부동산 관리업 • 비주거용 부동산 관리업
	부동산 중개, 자문 및 감정평가업	• 부동산 중개 및 대리업 • 부동산 투자 자문업 • 부동산 감정평가업

☑ 주의해야 할 내용

1. 부동산이라는 문구가 포함되었다고 해서 부동산업이 되는 것은 아니다.
2. 기출 오답
   ① 부동산 건설업 : 건설업 (부동산업 ×)
   ② 부동산 금융업 : 금융업 (부동산업 ×)
   ③ 사업시설 유지·관리 : 시설 관리 (부동산 관리업 ×)

01 부동산의 복합개념

의 미	부동산의 개념은 하나의 속성이 아니라, 다양한 속성(개념)으로 정의된다.

🔷 복합개념의 분류

물리적 개념	공간, 위치, 환경, 자연 등	
경제적 개념	자산, 자본, 상품, 소비재, 생산재·생산요소	
법률적 개념	협 의	• 민법에 규정된 부동산 • 민법 제99조 : 토지 및 정착물은 부동산이다.
	광 의	협의 + 준부동산

① **토지와 그 토지 위의 정착물**이 각각 독립된 거래의 객체이면서도 마치 하나의 결합된 상태로 다루어져 부동산 활동의 대상으로 삼을 때, 이를 **복합부동산**이라고 한다.
② **물리적 개념**은 부동산의 **유형적 측면**을 의미하며, **경제적·법률적 개념**은 부동산의 **무형적 측면**을 의미한다.

02 정착물

의 미	토지에 단단히 고정되어 있고, 고정되어 이용되는 것이 사회적·경제적으로 합리적인 물건

🏠 정착물의 분류

종속 정착물	의 미	토지의 일부로 간주되고, 토지가 거래되면 토지에 포함되어 거래되는 정착물
	사 례	대부분의 정착물
독립 정착물	의 미	토지와 별개로 간주되고, 토지와 독립되어 거래되는 정착물
	사 례	• 건물 • 등기된 입목 • 명인방법을 갖춘 수목의 집단 • 권원에 의하여 타인의 토지에서 재배되고 있는 농작물

① **신축 중인 건물**은 **사용승인**이 완료되기 **전**이라도 **토지와 별개의 부동산으로 취급된다**(판례).
② 개개의 **수목**은 명인방법을 갖추면 **토지와 별개의 부동산으로 취급된다**.
③ 일반적으로 **임대인이 부착**한 물건은 **정착물**로 간주된다.

03 준부동산

의 미	민법상의 부동산(토지 및 정착물)은 아니지만, 다른 법률에 의해 부동산처럼 취급되는 동산이나 권리
특 징	등기 또는 등록 등의 공시수단을 가지고 있다.
종 류	• 등기 대상물 : 입목, 광업재단 · 공장재단, 선박(20톤 이상) • 등록 대상물 : 자동차 · 항공기 · 건설기계, 광업권 · 어업권

01 후보지와 이행지

대분류(용도지역)	소분류(용도지역 내)
택지지역	주거지역, 상업지역, 공업지역
농지지역	전지지역, 답지지역, 과수원지역
임지지역	용재림지역, 신탄림지역

후보지	대분류 상호간에 용도가 전환되고 있는 지역 내의 토지
이행지	소분류 상호간에 용도가 이행되고 있는 지역 내의 토지

① **택지지역, 농지지역, 임지지역** 등 **용도지역 상호간**에 용도가 **전환되고 있는** 지역 내의 토지를 **후보지**라고 한다.
② **세분된 용도지역 상호간**에 용도가 **변화되고 있는** 지역 내의 토지를 **이행지** 라고 한다.

③ **농지지역**에서 **택지지역**으로 용도가 전환되고 있는 지역 내의 토지는 **후 보지**이다.
④ **주거지역**이 **상업지역**으로 용도변경이 진행되고 있는 토지는 **이행지**이다.

택 지	주거용·상업용·공업용으로 조성된 토지
부 지	일정한 용도에 제공되고 있는 바닥 토지

나 지	건물 등 정착물이 없고, 지상권·임차권 등 <u>사법상의 제한</u>을 받지 않는 토지 (공법상의 제한 ×)
건부지	건축물의 바닥 토지로 이용 중인 토지

필 지	지번을 가진 토지의 등기·등록의 단위 / 법률적 개념
획 지	가격수준이 유사한 일단의 토지 / 이용상 개념

법 지	경사지 (소유권 ○, 활용 실익 ×)
빈 지	바닷가 토지 (소유권 ×, 활용 실익 ○)

휴한지	지력 회복을 위해 이용되지 않는 토지
유휴지	바람직하지 못하게 놀리고 있는 토지

맹 지	도로와 맞닿은 부분이 없는 토지
포락지	물에 의한 침식 등으로 지반이 절토되어 무너져 버린 토지
선하지	고압선 아래에 있는 토지

소 지	개발되기 이전 자연 상태 그대로의 토지
공 지	빈 공터 또는 비워져 있는 토지

① '**공지**'는 건축법에 의한 건폐율·용적률 등의 제한으로 인해 한 필지 내에서 건축하지 않고 **비워둔 토지**이다.

② '**공지**'는 관련법령이 정하는 바에 따라 재난 시 피난 등 안전이나 일조 등 양호한 생활환경 확보를 위해, 건축하면서 **남겨놓은 부분의 토지**이다.

③ '**일단지**'는 용도상 불가분의 관계에 있는 **2필지 이상의 토지**이다.

03 공동주택과 단독주택(주택법)

(1) 공동주택

아파트	• 주택으로 쓰는 층수가 5개 층 이상인 주택 • (면적 요건 없음)
연립주택	• 주택으로 쓰는 층수가 4개 층 이하인 주택 • 주택으로 쓰는 바닥면적 합계가 $660m^2$ 초과 주택
다세대주택	• 주택으로 쓰는 층수가 4개 층 이하인 주택 • 주택으로 쓰는 바닥면적 합계가 $660m^2$ 이하 주택

(2) 단독주택

다가구주택	• 주택으로 쓰이는 층수가 3개 층 이하일 것 • 1개 동의 주택으로 쓰이는 바닥면적의 합계가 $660m^2$ 이하일 것 • 19세대 이하가 거주할 수 있을 것
다중주택	• 여러 사람이 장기간 거주할 수 있는 구조로 되어 있는 것 • 독립된 주거의 형태가 아닐 것 • 1개 동의 주택으로 쓰이는 바닥면적의 합계가 $660m^2$ 이하이고, 층수가 3층 이하일 것
단독주택	

(3) 준주택, 도시형생활주택

① **준주택: 주택 외의** 건축물과 그 부속토지로서 **주거시설로 이용가능한 시설**
　　　　　　(종류: **다중생활시설, 기숙사, 오피스텔, 노인복지주택**)

② **도시형생활주택: 300세대 미만의 국민주택규모**에 해당하는 주택

04 공공임대주택(공공주택 특별법)

① **영구**임대주택 : 국가나 지방자치단체의 재정을 지원받아 **최저소득 계층**의 주거안정을 위하여 50**년 이상** 또는 **영구**적인 임대를 목적으로 공급하는 공공임대주택

② **국민**임대주택 : 국가나 지방자치단체의 재정이나 주택도시기금의 자금을 지원받아 **저소득 서민**의 주거안정을 위하여 30**년 이상** 장기간 임대를 목적으로 공급하는 공공임대주택

③ **행복주택** : 국가나 지방자치단체의 재정이나 주택도시기금의 자금을 지원받아 대학생, 사회초년생, 신혼부부 등 **젊은 층**의 **주거안정**을 목적으로 공급하는 공공임대주택

④ **장기전세주택** : **전세계약**의 방식

⑤ **통합**공공임대주택 : 국가나 지방자치단체의 재정이나 주택도시기금의 자금을 지원받아 최저소득 계층, 저소득 서민, 젊은 층 및 장애인 · 국가유공자 등 사회 취약계층 등의 주거안정을 목적으로 공급하는 공공임대주택

⑥ 분양전환 공공임대주택
⑦ 기존주택 매입 임대주택
⑧ 기존주택 전세 임대주택

01　자연적 특성

(1) **부동성**(비이동성)

의 미	토지의 지리적 위치(장소)는 고정되어 있다.
파생 현상	• 시장의 지역화 · 국지화 • 외부효과의 근거 • 임장활동 · 현장활동의 근거, 지역분석의 근거

(2) **부증성**(비생산성)

의 미	토지의 지표량(지표면적)은 증가되지 않는다.
파생 현상	• 생산비 법칙의 부정 • 지가고 • 집약적 토지이용, 최유효이용의 근거

(3) **영속성**(비소모성)

의 미	토지는 물리적(외형적) 측면에서 소모되거나 파괴되지 않는다.
파생 현상	• 가치 정의(장래 기대이익을 현재가치로 환원한 값)의 근거 • 수익환원법(직접환원법)의 근거 • 토지의 물리적 감가상각의 부정 • 소득이득과 자본이득의 근거 • 장기적인 배려, 미래 예측의 중요성 • 재고시장의 형성, 임대차 시장의 발달 • 관리의 중요성

(4) 개별성(비대체성)

의 미	토지는 물리적(외형적) 측면에서 동일할 수 없다.
파생 현상	• 대체성 · 유사성의 부정 • 일물일가 법칙의 부정 • 수익과 가격의 개별화, 개별분석의 근거

02 인문적 특성

(1) 용도의 다양성

의 미	토지는 다양한 용도로 이용된다.
파생 현상	• 최유효이용의 근거 • 토지의 이행과 전환의 근거, 후보지 · 이행지의 근거

(2) 병합 · 분할의 가능성

내 용	• 토지는 병합될 수도 있고 분할될 수도 있다. • 토지 면적의 증감은 토지의 가치를 변화시킨다.

(3) 인문적 위치(사회적 · 경제적 · 행정적 위치)의 가변성

내 용	• 토지의 인문적 위치는 끊임없이 변화한다. • 토지의 사회적 · 경제적 · 행정적 위치는 끊임없이 변화한다.

(1) 인접성

의 미	토지는 다른 토지와 연결되어 있다.
파생 현상	• 외부효과의 근거 • 협동적 이용, 경계 문제의 근거

(2) 주의해야 할 내용

① **물리적 위치(지리적 위치, 절대적 위치)** : **고정**되어 있다.
② 사회적 · 경제적 · 행정적 위치 등 **인문적 위치(상대적 위치)** : **변화**한다.

③ 토지의 **물리적 공급** : **불가능**하다.
④ 토지의 **용도적 공급(경제적 공급)** : **가능**하다.

⑤ 바다의 **매립**, 산지의 **개간**은 새로운 토지를 공급한 사례가 아니라, 쓸모없던 토지를 쓸모 있는 농지 등으로 용도를 변경한 사례이다.
  − **부증성**의 **예외라고 할 수 없다.**

⑥ **홍수** 등으로 인해 토지가 유실된 경우도 용도가 변경된 사례이다. − 이 경우에도 **영속성**의 특성은 **적용되는 것이다.**

⑦ 개별성 등 **자연적 특성**은 토지시장을 불완전하게 만드는 요인이다.

☑ **외부효과의 근거**
  ① 부동성
  ② 인접성

☑ **최유효이용의 근거**
  ① 부증성
  ② 용도의 다양성

CHAPTER

02

경제론

박문각 공인중개사

01 　수요와 공급 이론의 출제 패턴

가격의 변화	⇨	소비의 증가/감소 : 수요량의 변화 공급의 증가/감소 : 공급량의 변화		
가격 이외 요인의 변화	⇨	소비의 증가/감소 : 수요　의 변화 공급의 증가/감소 : 공급　의 변화	⇨	균형의 변화

(1) 아파트 시장을 대상으로 한 '가격의 변화'와 '가격 이외 요인의 변화'는?

① 아파트 **가격**이 상승하면 ~	: **가격의 변화**
② 아파트 **가격**이 하락하면 ~	: **가격의 변화**

🔲 가격이라는 문구가 있으나, 가격 이외 요인으로 취급되는 것들?

③ 아파트 **가격** 하락이 기대(예상)되면 ~	: 가격 이외 요인의 변화
④ 단독주택의 **가격**이 상승하면 ~	: 가격 이외 요인의 변화
⑤ 대체관계에 있는 주택의 **가격**이 상승하면 ~	: 가격 이외 요인의 변화

02 구별 개념

(1) 수요량의 변화

의 미	(해당 재화) 가격의 변화로 수요량이 변화하는 현상
내 용	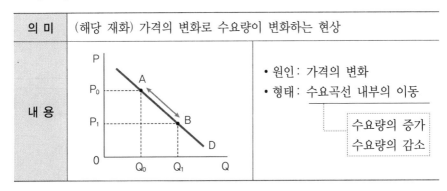

내용 항목 오른쪽:
- 원인: 가격의 변화
- 형태: 수요곡선 내부의 이동

  ┌ 수요량의 증가
  └ 수요량의 감소

(2) 수요의 변화

의 미	(해당 재화) 가격 이외 요인의 변화로 수요량이 변화하는 현상
내 용	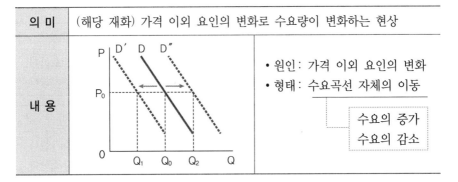

내용 항목 오른쪽:
- 원인: 가격 이외 요인의 변화
- 형태: 수요곡선 자체의 이동

  ┌ 수요의 증가
  └ 수요의 감소

(3) 공급량의 변화, 공급의 변화

공급량의 변화	의 미	(해당 재화) 가격의 변화로 공급량이 변화하는 현상
	내 용	• 원인: 가격의 변화 • 형태: 공급곡선 내부의 이동
공급의 변화	의 미	가격 이외 요인의 변화로 공급량이 변화하는 현상
	내 용	• 원인: 가격 이외 요인의 변화 • 형태: 공급곡선 자체의 이동

03 유량과 저량

유량 (flow)	의 미	'일정 기간'을 설정하고 측정하는 변수
	사 례	• 소득 : 가계소득, 급여, 월급, 연봉 • 임대료 수입 / 연간이자비용 / 순영업소득 • 수요량 / 신규 주택 공급량 / 거래량 • (참고) : 수출, 수입, 소비, 투자
저량 (stock)	의 미	'일정 시점'을 설정하고 측정하는 변수
	사 례	• 가격 • 실물자산 / 자산가치 / 도시 인구 규모 / 주택 재고량 • (참고) : 통화량, 자본량, 부채, 외환보유고

04 수요의 법칙과 공급의 법칙

수요의 법칙	의 미	가격 변화에 대한 소비자의 행동 법칙(반비례 관계)
	내 용	• 아파트 가격이 상승하면, 아파트의 수요량은 감소한다. • 아파트 가격이 하락하면, 아파트의 수요량은 증가한다.
공급의 법칙	의 미	가격 변화에 대한 공급자의 행동 법칙(비례 관계)
	내 용	• 아파트 가격이 상승하면, 아파트의 공급량은 증가한다. • 아파트 가격이 하락하면, 아파트의 공급량은 감소한다.

05 관련 재화의 가격 변화 : 대체재와 보완재

소비의 대체관계 : 콜라와 사이다	소비의 보완관계 : 치킨과 맥주
① 콜라 수요 증가 − 사이다 **수요 감소**	① 치킨 수요 증가 − 맥주 **수요 증가**
② 콜라 수요 감소 − 사이다 **수요 증가**	② 치킨 수요 감소 − 맥주 **수요 감소**
③ 콜라 가격 상승 − 사이다 **수요 증가**	③ 치킨 가격 상승 − 맥주 **수요 감소**
④ 콜라 가격 하락 − 사이다 **수요 감소**	④ 치킨 가격 하락 − 맥주 **수요 증가**
⑤ 콜라 가격 상승 − 사이다 **가격 상승**	⑤ 치킨 가격 상승 − 맥주 **가격 하락**
⑥ 콜라 가격 하락 − 사이다 **가격 하락**	⑥ 치킨 가격 하락 − 맥주 **가격 상승**

☑ **암기 방법**

1. 가격으로 시작하는 경우 : 대체관계 − 따라서 / 보완관계 − 반대로
2. 가격으로 시작하지 않는 경우 : 반대로 적용

06 수요와 공급 모형

(1) **수요**(demand)

의 미	일정 기간, 소비자들이 재화를 구매하고자 하는 욕구
특 징	• 일정 기간을 설정하고 측정하는 유량 개념 • 앞으로 구매하고자 하는 사전적 수량 또는 계획된 수량 • 구매력이 있음을 가정한 유효수요

(2) **공급**(supply)

의 미	일정 기간, 공급자들이 재화를 판매하고자 하는 욕구
특 징	유량 개념 / 사전적 수량 또는 계획된 수량 / 유효공급

01 ｜ 수요의 증가 · 감소

수요의 증가 요인	수요의 감소 요인
• 인구 증가 • 시장이자율 · 대출금리 하락 • LTV · DTI 상승 • 소득의 증가(정상재) • 대체부동산의 가격 상승 • 보완부동산의 가격 하락 • 주택거래규제의 완화 • 미래가격 상승에 대한 기대	

02 ｜ 공급의 증가 · 감소

공급의 증가 요인	공급의 감소 요인
• 주택건설업자 수의 증가 • 건축(건설)기술의 진보 • 생산요소 가격의 하락 • 건축원자재 가격의 하락 • 건축허가 요건의 완화	

(1) 아파트 시장의 수요를 증가시키는 요인은?

① 아파트 가격의 하락　　　　　　　　　　× (수요량의 변화)
② 건축원자재 가격의 상승　　　　　　　　× (공급의 변화)

③ 핵가족화, 가구 수의 증가
④ LTV · DTI 하락
⑤ 시장이자율 또는 대출금리 상승
⑥ 미래 가격 상승에 대한 기대(예측)
⑦ 미래 가격 하락에 대한 기대(예측)
⑧ 소득의 증가(정상재)
⑨ 대체주택의 가격 상승
⑩ 보완주택의 가격 상승　　　　　　　　　❶정답 ③ ⑥ ⑧ ⑨

☖ BOX 문제의 구조

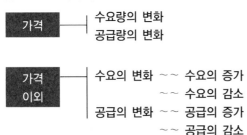

(2) 아파트 시장의 공급곡선을 우측으로 이동시키는 요인

① 아파트 가격의 상승　　　　　　　　　　× (공급량의 변화)

② 주택건설업자 수의 증가
③ 건축원자재 가격의 상승
④ 건축허가 요건의 완화　　　　　　　　　❶정답 ② ④

01 　균형을 변화시키는 4가지 규칙

<table>
<tr><td rowspan="5">가격 이외
요인의 변화　⇨</td></tr>
<tr><th>구 분</th><th>균형 가격</th><th>균형 거래량</th></tr>
<tr><td>수요 증가</td><td>상승</td><td>증가</td></tr>
<tr><td>수요 감소</td><td>하락</td><td>감소</td></tr>
<tr><td>공급 증가</td><td>하락</td><td>증가</td></tr>
</table>

구 분	균형 가격	균형 거래량
수요 증가	상승	증가
수요 감소	하락	감소
공급 증가	하락	증가
공급 감소	상승	감소

가격 이외 요인의 변화 ⇨

(Ⅰ) **수요와 공급이 동시에 변화하는 경우**(힘의 크기가 주어지지 않은 경우)

① 수요가 **증가**하면서 **동시에** 공급이 **증가**하면,　　가격 　: **알 수 없다.**
　　　　　　　　　　　　　　　　　　　　　　　　　거래량: 증가

② 수요가 **증가**하면서 **동시에** 공급이 **감소**하면,　　가격 　: 상승
　　　　　　　　　　　　　　　　　　　　　　　　　거래량: 알 수 없다.

③ 수요가 **감소**하면서 **동시에** 공급이 **증가**하면,　　가격 　: 하락
　　　　　　　　　　　　　　　　　　　　　　　　　거래량: 알 수 없다.

④ 수요가 **감소**하면서 **동시에** 공급이 **감소**하면,　　가격 　: **알 수 없다.**
　　　　　　　　　　　　　　　　　　　　　　　　　거래량: 감소

☑ **주의**(정답을 찾는 요령)

1. 문제가 되는 것이 가격인지? 거래량인지? 확인한다.
2. 문제가 되는 논점: '알 수 없다' 또는 '수요와 공급의 변화 폭에 의해 결정 된다'

(2) **알 수 없다.** (= 수요와 공급의 힘의 크기로 결정된다)

⑤ 수요가 **증가**하면서 **동시에** 공급이 **증가**하였다면,
  균형 가격의 변화는 **수요와 공급의 변화 폭에 의해 결정**된다.
  (= 균형 가격의 변화는 알 수 없다.)

⑥ 수요가 **증가**하면서 **동시에** 공급이 **감소**하였다면,
  균형 거래량의 변화는 **수요와 공급의 변화 폭에 의해 결정**된다.
  (= 균형 거래량의 변화는 알 수 없다.)

(3) **수요와 공급이 동시에 변화하는 경우**(힘의 크기가 주어진 경우)

⑦ **수요의 증가**가 공급의 증가보다 **크다면**,   가격　：**상승**
                                              거래량：**증가**

⑧ **공급의 증가**가 수요의 증가보다 **크다면**,   가격　：**하락**
                                              거래량：**증가**

☑ **주의**(정답을 찾는 요령)

1. 크다면 또는 작다면 / 요런 표현이 나오면 가장 쉽다.
2. 큰 쪽이 시장을 결정한다.

01 탄력성의 이해

(1) 탄력성의 의미

의 미	양의 변화 정도(%)를 측정하는 지표
구 분	• 수요의 탄력성 : 수요량의 변화 정도(%)를 측정하는 지표 • 공급의 탄력성 : 공급량의 변화 정도(%)를 측정하는 지표

(2) 탄력성의 해석

탄력적	'양'의 변화가 많다.
비탄력적	'양'의 변화가 적다.

완전 탄력적	'양'의 변화가 무한대(∞)까지 변화한다.
완전 비탄력적	'양'의 변화가 없다. / 양이 고정되어 있다.

---

① 수요의 가격탄력성이 **탄력적**이라면, 가격의 변화율보다 **수요량의 변화율**이 더 **크다.**

② 수요의 가격탄력성이 **비탄력적**이라면, 가격의 변화율보다 **수요량의 변화율**이 더 **적다.**

③ 수요의 가격탄력성이 **완전 탄력적**이라면, 가격 변화에 **수요량이 무한대(∞)로 변화**한다.

④ 수요의 가격탄력성이 **완전 비탄력적**이라면, 가격이 변화하더라도 **수요량은 고정**된다.

탄력성을 결정하는 요인

수요가 보다 탄력적인 경우	공급이 보다 탄력적인 경우
• 대체재가 많을수록 　㉠ 부동산 시장을 세분할수록 　㉡ 분류 범위가 좁을수록 　㉢ 용도변경이 용이할수록 • 측정 기간이 장기일수록	• 생산에 유리한 상황일수록 　㉠ 생산에 소요되는 기간이 짧을수록 　㉡ 생산비가 감소할수록 　㉢ 용도변경이 용이할수록 • 측정 기간이 장기일수록

03 **탄력성과 기울기**

원 칙	• 보다 탄력적일수록 수요곡선의 기울기는 보다 완만해진다. • 보다 탄력적일수록 공급곡선의 기울기는 보다 완만해진다.

완전 비탄력적	비탄력적	탄력적	완전 탄력적
$Q = 200$			$P = 200$

수요의 가격탄력성 응용

01 임대수입 증가를 위한 임대사업자 전략

① 수요가 **탄력적**일 때, **임대료가 하락**하면,	**임대수입**은 **증가**한다.
② 수요가 **비탄력적**일 때, **임대료가 상승**하면,	**임대수입**은 **증가**한다.
③ 수요가 **탄력적**일 때, **임대료가 상승**하면,	**임대수입**은 **감소**한다.
④ 수요가 **비탄력적**일 때, **임대료가 하락**하면,	**임대수입**은 **감소**한다.

☑ **주의**(정답을 찾는 요령)

1. **똑똑**하면 − 깎아주고
2. **안똑똑**하면 − 덤탱이

02 극단적인 시장의 균형 변화의 예외

① 공급이 **완전 탄력적**일 때 **수요가 증가**하면,	**가격** : **불변** 거래량: 증가
② 공급이 **완전 비탄력적**일 때 **수요가 증가**하면,	가격 : 상승 **거래량: 불변**
③ 수요가 **완전 탄력적**일 때 **공급이 증가**하면,	**가격** : **불변** 거래량: 증가
④ 수요가 **완전 비탄력적**일 때 **공급이 증가**하면,	가격 : 하락 **거래량: 불변**

03 가격 변화의 폭(더, 덜)

① **수요가 증가**할 때 공급이   **탄력**적일수록,   가격은 **덜** 상승한다.

② **수요가 증가**할 때 공급이 **비탄력**적일수록,   가격은 **더** 상승한다.

③ **공급이 증가**할 때 수요가   **탄력**적일수록,   가격은 **덜** 하락한다.

④ **공급이 증가**할 때 수요가 **비탄력**적일수록,   가격은 **더** 하락한다.

☑ **주의**(동일한 의미, 다른 표현)

1. 가격은 **더**(= **더 많이**) 상승한다. = 가격 상승의 폭은 **증가한다.**
2. 가격은 **덜**(= **더 적게**) 상승한다. = 가격 상승의 폭은 **감소한다.**

(1) 균형 계산

다음 조건에서 A지역 아파트 시장이 t시점에서 (t+1)시점으로 변화될 때, 균형가격과 균형량의 변화는? 28회

- 아파트 공급함수: $Q_S = 2P$
- t시점 아파트 수요함수: $Q_{d1} = 900 - P$
- (t+1)시점 아파트 수요함수: $Q_{d2} = 1,500 - P$

	균형가격	균형량
①	200 상승	400 감소
②	200 상승	400 증가
③	200 하락	400 감소
④	200 하락	400 증가
⑤	100 상승	200 증가

◆정답 ②

(2) 탄력성 계산(준비단계)

🔹 수요의 가격탄력성 계산

① 아파트 가격이 10% 상승하자, 아파트 수요량이 5% 감소하였다.

② 아파트 가격이 10% 상승하자, 아파트 수요량이 10% 감소하였다.

③ 아파트 가격이 10% 상승하자, 아파트 수요량이 20% 감소하였다.

❖정답 ① 0.5 ② 1.0 ③ 2.0

🔹 수요의 소득탄력성 계산

① 소득이 10% 증가할 때, A재 수요량이 20% 증가하였다.

② 소득이 10% 증가할 때, B재 수요량이 5% 감소하였다.

❖정답 ① + 2.0 ② − 0.5

🔹 수요의 교차탄력성 계산

① 오피스텔 가격이 10% 상승하자, 아파트 소비량이 5% 증가하였다.

② 오피스텔 가격이 10% 상승하자, 아파트 소비량이 20% 감소하였다.

❖정답 ① + 0.5(대체관계) ② − 2.0(보완관계)

(3) **탄력성 계산**(유형1 : 탄력성은?)

아파트 매매가격이 10% 상승할 때, 아파트 매매수요량이 5% 감소하고 오피스텔 매매수요량이 8% 증가하였다. 이때 아파트 매매수요의 가격탄력성의 정도(Ⓐ), 오피스텔 매매수요의 교차탄력성(Ⓑ), 아파트에 대한 오피스텔의 관계(Ⓒ)는?

32회

① Ⓐ: 비탄력적, Ⓑ: 0.5, Ⓒ: 대체재
② Ⓐ: 탄력적,　 Ⓑ: 0.5, Ⓒ: 보완재
③ Ⓐ: 비탄력적, Ⓑ: 0.8, Ⓒ: 대체재
④ Ⓐ: 탄력적,　 Ⓑ: 0.8, Ⓒ: 보완재
⑤ Ⓐ: 비탄력적, Ⓑ: 1.0, Ⓒ: 대체재

◆정답 ③

(4) **탄력성 계산**(유형2 : 전체 수요량의 변화율?)

아파트에 대한 수요의 가격탄력성은 0.6, 소득탄력성은 0.4이고, 오피스텔가격에 대한 아파트 수요량의 교차탄력성은 0.2이다. 아파트 가격, 아파트 수요자의 소득, 오피스텔의 가격이 각각 3%씩 상승할 때, 아파트 전체 수요량의 변화율은? (단, 재화는 모두 정상재이고, 서로 대체재이며, 아파트에 대한 수요의 가격탄력성은 절댓값으로 나타낸다) 30회

① 1.2% 증가
② 1.8% 증가
③ 2.4% 감소
④ 3.6% 증가
⑤ 변화 없음

◆정답 ⑤

시장론

01 부동산 시장의 이해

정 의	양, 질, 위치 등 다양한 측면에서, 유사한 부동산에 대해 유사한 가격이 형성되는 지리적 구역

(1) 부동산 시장의 특징

지역적 시장	
공급의 장기성	• 단기적인 수급 조절의 곤란성 • 단기적인 가격 왜곡 현상
비 3종 SET (개별성)	• 거래의 비공개성 • 상품의 비표준화 / 시장의 비조직화
시장의 불완전성	• 소수의 수요자와 공급자, 진입과 퇴거의 어려움 • 개별적인 재화 • 정보의 비대칭성
기 타	• 과도한 법적 제한 • 대출의 중요성

(1) 소득대비 주택가격 비율(PIR ; price to income ratio)

의 미	$$PIR = \frac{\text{중위 주택가격}}{\text{중위 소득}}$$
내 용	• PIR이 10이라면, 대출 없이 주택을 구입하기 위해서는 10년 동안의 소득을 한 푼도 쓰지 않고 모아야 함을 의미한다. • PIR의 수치가 올라가면, 무주택자의 주택 구입이 보다 어려워졌음을 의미한다.

(2) 불량주택

의 미	가격수준이 낮은 주택
내 용	• 가격수준이 낮아 질이 좋지 못한 주택을 의미한다. • 불량주택은 시장실패로 발생하는 것이 아니라, 시장이 자원배분기능을 원활히 수행하기 때문에 발생한다.

01 효율적 시장

의 미		정보가 지체 없이 가격(시장가치)에 반영되는 시장
구 분	약 성	'과거정보'가 지체 없이 반영되는 시장
	준강성	'과거정보', '현재정보'가 지체 없이 반영되는 시장
	강 성	모든 정보(과거, 현재, 미래)가 지체 없이 반영되는 시장

① **과거**의 정보가 지체 없이 가격(시장가치)에 반영되는 시장이라면 **약성** 효율적 시장이다.
② **과거** 정보와 **현재** 공표된 정보가 가격에 즉각적으로 반영된다면 **준강성** 효율적 시장이다.
③ 공표된 것이건 그렇지 않은 것이건 어떠한 정보도 이미 가격에 반영되어 있다면 **강성** 효율적 시장이다.

02 초과이윤 획득 가능성

구 분	과거 정보	현재 정보	미래(내부) 정보
약성 효율적 시장		○	○
준강성 효율적 시장			○
강성 효율적 시장			

① **약성** 시장에서는 **현재 정보**를 통해, 초과이윤을 획득할 수 **있다.**
② **약성** 시장에서는 미래(내부) **정보**를 통해, 초과이윤을 획득할 수 **있다.**

③ **준강성** 시장에서 미래(내부) **정보**를 통해, 초과이윤을 획득할 수 **있다.**

④ **강성** 효율적 시장은 이미 모든 정보가 가격에 반영되어 있으므로 **어떤 정보를 분석하더라도 초과이윤을 획득할 수 없다.**

03 할당(배분) 효율적 시장

의 미	• 자본의 할당이 효율적인 시장 • 어느 시장에서도 초과이윤을 획득할 수 없는 시장	
논 점	완전경쟁시장	항상 할당 효율적 시장이 된다.
	불완전경쟁시장	할당 효율적 시장이 될 수 있다.

① 특정 투자자가 얻는 **초과이윤**이 이를 발생시키는 데 필요한 정보비용보다 **크다면, 할당 효율적 시장**이 될 수 **없다.**
② **부동산 시장**은 여러 가지 불완전한 요소가 많더라도, **할당 효율적 시장**이 **될 수 있다.**
③ **완전경쟁시장**이나 **강성 효율적 시장**에서는 **할당 효율적인 시장**만 존재한다.

01   경기변동

의 미	경제활동의 수준이 변동하는 현상

⬦ 경기변동의 유형

순환적 경기변동	
계절적 경기변동	계절이 원인이 되어 나타나는 경기변동
장기적 경기변동	50년 이상의 장기로 나타나는 경기변동
무작위적 경기변동 (불규칙적 경기변동)	• 지진, 전쟁 등 예기치 못한 상황 • 정부의 정책 변화

02   부동산 경기순환

(1) 경기순환의 구조

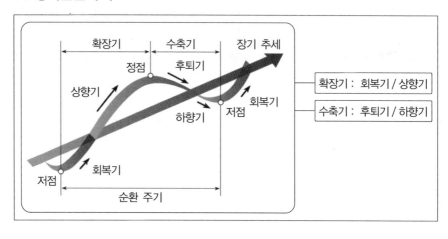

(2) 부동산 경기순환의 특징

특 징	• 주기는 길고 진폭은 크다. • 순환 국면은 불규칙·불명확하다. • 확장기(회복기, 상향기)가 수축기(후퇴기, 하향기)보다 길다.
지 표	건축량(건축허가량, 건축착공량), 거래량(분양량, 미분양량) 등

03 확장기와 수축기의 특징

(1) 확장기

회복 국면	• 매도자 중시 시장(매도자가 거래를 주저하는 시장)
상향 국면	• 과거 가격은 새로운 거래의 하한선

(2) 수축기

후퇴 국면	• 매수자 중시 시장(매수자가 거래를 주저하는 시장)
하향 국면	• 과거 가격은 새로운 거래의 상한선

04 안정 시장

의 미	• 부동산 시장은 경기순환 이외에 안정시장이라는 국면이 있다. • 부동산 가격이 안정되어 있거나 가벼운 상승을 보이는 시장으로 실수요자에 의해 유지되는 부동산 시장이다.
사 례	위치가 좋고 규모가 적당한 주택이나 점포 등

01　거미집 모형의 이해

의 미	• 농산물 가격의 주기적인 폭등과 폭락을 설명하는 이론 • 동태적 분석
가 정	• 공급의 장기성, 수요와 공급의 시차(time-lag) • 공급자(농부)의 비합리성

02　거미집 모형의 구분

수렴형	의 미	폭등과 폭락이 사라지는 형태
	안정 조건	•	수요의 가격 탄력성	> 공급의 가격 탄력성 •	수요곡선 기울기 값	< 공급곡선 기울기 값

순환형	의 미	폭등과 폭락이 반복되는 형태
발산형	의 미	폭등과 폭락이 심화되는 형태

(ㅣ) 탄력성을 제시한 경우

① 수요의 가격 탄력성 1.4 / 공급의 가격 탄력성 0.9　　**수렴**형

② 수요의 가격 탄력성 0.9 / 공급의 가격 탄력성 0.9　　**순환**형

③ 수요의 가격 탄력성 0.6 / 공급의 가격 탄력성 0.9　　**발산**형

☑ **요령**

소비자라도 똑똑하다면, 폭등과 폭락이 해결된다. : 수렴형

(2) 기울기 값을 제시한 경우

① 수요곡선 기울기 값 −1.5 / 공급곡선 기울기 값 +2.0	**수렴**형
② 수요곡선 기울기 값 −2.0 / 공급곡선 기울기 값 +2.0	**순환**형
③ 수요곡선 기울기 값 −3.5 / 공급곡선 기울기 값 +2.0	**발산**형

☑ **요령**

1. 기울기 값 = 키 값
2. 소비자 키가 작으면 (땅에) 수렴, 소비자 키가 크면 (땅에서) 발산

(3) 함수를 제시한 경우(함수에서 기울기 값을 찾는다.)

① 수요함수 $P = 100 - 1.5Q_D$ / 공급함수 $P = 50 + 2Q_S$	**수렴**형
② 수요함수 $P = 400 - 2Q_D$ / 공급함수 $2P = 100 + 4Q_S$	**순환**형
③ 수요함수 $P = 100 - 1Q_D$ / 공급함수 $2P = 50 + 1Q_S$	**발산**형
④ 수요함수 $Q_D = 100 - P$ / 공급함수 $2Q_S = -10 + P$	**수렴**형

☑ **주의**(함수에서 기울기 값을 찾는 방법)

1. 수량(Q) 앞의 수치를 읽는다.
2. P로 시작하는지 확인한다.

제15절 | 주거분리, 주택 여과

01 주거분리

의 미	주거지역이 소득계층별로 서로 분리되는 현상
원 인	• 외부효과 • 정(+)의 외부효과는 받으려고 하고 부(−)의 외부효과는 피하려는 동기로부터 주거지역은 소득계층별로 서로 분리된다.

02 주택 여과(순환)

의 미	서로 다른 소득계층 간에 주택이 순환되는 현상
내 용	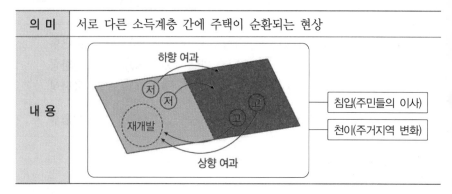

(1) 하향 여과

의 미	저소득층이 노후화되어 가격이 하락한 고소득층 주택을 사용하는 현상
원 인	저소득층의 저가주택에 대한 수요가 증가한 경우

⑵ 상향 여과

의 미	고소득층이 재개발되어 가격이 상승한 저소득층 주택을 사용하는 현상
원 인	저소득층 주거지역의 주택이 수선·재개발된 경우

① **주택 여과** 또는 **주택필터링**(filtering) 현상은 서로 다른 소득계층 간에 주택이 순환되는 현상을 말한다.
② 주택 여과는 **가구의 질적 변화**와 **가구의 이동** 현상을 설명하는 데 유용하다.
③ 주거입지는 **침입**과 **천이** 현상으로 인해 변화할 수 있다.

④ **고소득층 주거지역**에서 **주택 개량에 소요되는 비용**이 개량으로 인한 가치상승분보다 **크다면** 하향 여과가 발생하기 **쉽다.**
⑤ **저소득층 주거지역**에서 **주택의 보수(재개발)를 통한 가치상승분**이 보수(재개발)비용보다 **크다면 상향 여과**가 발생하기 **쉽다.**

(I) 정보의 현재가치

복합쇼핑몰 대형마트가 개발된다는 다음과 같은 정보가 있을 때, 합리적인 투자자가 최대한 지불할 수 있는 이 정보의 현재가치는? 33회

- 대형마트 개발예정지 인근에 일단의 A토지가 있다.
- 2년 후 대형마트가 개발될 가능성은 45%로 알려져 있다.
- 2년 후 대형마트가 개발되면 A토지의 가격은 12억 1,000만원, 개발되지 않으면 4억 8,400만원으로 예상된다.
- 투자자의 요구수익률(할인율)은 연 10%이다.

① 3억 1,000만원   ② 3억 2,000만원
③ 3억 3,000만원   ④ 3억 4,000만원
⑤ 3억 5,000만원

◆정답 ③

정책론

01 정책의 이해

의 미	정부가 시장에 개입하는 여러 가지 행위	
이 유	경제적 이유	시장실패의 수정
	정치적 이유	특정 사회적 목표 달성

02 시장실패

의 미	시장이 자원을 효율적으로 배분하지 못하는 상황	
유 형	과대한 자원 배분	외부 불경제
	과소한 자원 배분	외부 경제 / 공공재
원 인	• 외부효과와 공공재 • 정보의 비대칭성 • 위험과 불확실성, 불완전 경쟁 등	

① 시장의 가격기구가 **자원을 효율적으로 배분하지 못하는 상황**을 시장실패라고 한다.

② 부동산 **시장실패**의 대표적인 **원인**으로 **공공재**, **외부효과**, **정보의 비대칭성**이 있다.

③ 정부의 정보 부족, 관료제도 등에 의해 정부의 시장개입이 오히려 전보다 못한 결과를 초래할 수도 있는데, 이를 **정부실패**라고 한다.

03 정책의 구분

(1) 직접개입방식

의 미	시장이 결정할 가격과 수량을 정부가 직접 결정하거나, 수요자 또는 공급자의 역할을 정부가 직접 수행하는 방식
종 류	• 임대료 규제, 분양가 규제 • 토지비축제도(토지은행제도), 토지 수용, 토지 선매 • 공공택지개발, 공공임대주택 등 다양한 공적 개발

(2) 간접개입방식

의 미	정부가 가격과 수량을 직접 통제하는 것이 아니라, 수요자와 공급자의 행동을 변화시키고자 하는 다양한 유인책들
종 류	• 조세 · 부담금 / 보조 · 지원 • 정부의 금융 지원, 부동산 가격 공시 제도 등 • LTV · DTI 등 대출 규제

🏠 구 분

① 임대료 상한제, 분양가 상한제	(직접, 간접)
② 토지비축제도(토지은행제도), 토지 수용, 선매 제도	(직접, 간접)
③ 공적 개발 : 공공임대주택, 공공택지개발	(직접, 간접)

④ 재산세, 종합부동산세, 토지취득세	(직접, 간접)
⑤ 개발부담금, 재건축부담금	(직접, 간접)
⑥ 임대료 보조, 금융 지원, 가격공시제도	(직접, 간접)
⑦ 대부비율(LTV), 총부채상환비율(DTI)	(직접, 간접)

외부효과와 공공재

01 외부효과의 이해

의 미	어떤 경제주체가 다른 경제주체에게 시장의 가격기구를 통하지 않고 의도하지 않은 이익이나 손해를 주는 현상
구 분	• 외부 불경제 또는 부(−)의 외부효과 • 외부 경제 또는 정(+)의 외부효과

☑ **주의**(확인해야 할 문구)

1. 시장을 통하지 않고(○) / 시장을 통하여(×)
2. 의도하지 않은 이익이나 손해

02 외부효과와 시장실패

(Ⅰ) 외부 불경제 : 공해

의 미	• 의도하지 않은 손해를 주면서, 그에 대한 배상을 하지 않는 경우 • 공장의 공해(생산과정), 흡연자의 흡연(소비과정)
유 형	과대 생산 또는 과대 소비
대 책	벌금·부담금 또는 조세 부과 등 규제
현 상	• 님비(NIMBY ; not in my back yard) 현상을 유발 • 사회적 비용 > 사적 비용

(2) 외부 경제 : 꽃집

의 미	• 의도하지 않은 이익을 주면서, 그에 대한 대가를 받지 않는 경우 • 꽃집의 꽃 진열(생산과정), 예방접종(소비과정)
유 형	과소 생산 또는 과소 소비
대 책	지원 및 보조 등 장려
현 상	• 핌피(PIMFY ; please in my front yard) 현상을 유발 • 사회적 편익 > 사적 편익

03　공공재와 시장실패

공공재	공공이 함께 사용할 수 있는 재화 또는 서비스

(1) 공공재의 특징

소비의 비경합성	다수가 동시에 소비할 수 있기 때문에 먼저 소비하기 위해 경쟁하지 않는다.
소비의 비배제성	비용을 부담하지 않는 사람도 소비에서 배제되지 않는다. 　　　　　　　　　　　　　　　(소비를 할 수 있다.)

(2) 공공재와 시장실패

이 유	무임 승차자의 발생
유 형	과소 생산 또는 생산 불가능
대 책	정부의 직접 생산 및 공급

01 임대료 규제 정책(임대료 상한, 최고 임대료)

의 미	• 정부가 시장의 균형 임대료 이하로, 임대료를 통제하는 정책 • 만약 규제 임대료가 균형 임대료보다 높다면, 시장에 미치는 영향은 없다.
성 격	• 임차인 보호 • 직접 개입 방식

⌂ 임대료 규제 정책의 효과

단 기	초과 수요	
장 기	공급감소	• 수익성 악화로 인한 임대주택의 품질 저하 • 주거 이동의 제한 • 암시장 형성

> ① 최고 임대료가 규제되면 **단기**적으로 임대주택 시장에 **초과수요** 현상이 발생한다.
> ② 임대료 규제가 시행되면 임대주택의 사업성이 악화되기 때문에 **장기**적으로 **임대주택의 물량(공급)이 감소한다.**
> ③ 정부가 임대료 상승을 규제하면 **장기**적으로 기존 임대주택이 다른 용도로 전환되면서 임대주택의 **공급량이 감소**한다.

02　임대료 보조 정책

의 미	정부가 임차인에게 임대료의 일부 또는 전부를 보조해주는 정책
성 격	• 임차인 보호 • 간접 개입 방식 • 소비자 보조 방식

🏠 임대료 보조 정책의 효과

단 기	임대주택에 대한 수요 증가
장 기	임대주택에 대한 공급 증가

① 임대료가 보조되면 **단기적**으로 임대주택에 대한 **수요가 증가한다.**
② 임대료가 보조되면 **장기적**으로 임대주택에 대한 **공급이 증가한다.**

③ 임대료 보조 정책은 임대료 규제 정책과 달리, **장기적**으로 임대주택의 **공급을 증가**시킨다.

03　공공임대주택 정책

의 미	정부가 임대주택을 건설·매입 또는 임차하여 공급하는 정책
성 격	• 임차인 보호 • 직접 개입 방식

☑ **주의**(정답을 찾는 요령)

임대주택의 종류는 제3절 '주택의 분류' 편에 있습니다.

01　분양가 규제 정책(분양가 상한제)

의 미	• 정부가 시장 분양가 이하로 분양가를 통제하는 정책 • 분양가상한제는 주택가격을 안정시키고 무주택자의 신규주택 구입 부담을 경감시키기 위해서 도입되었다.
효 과	• 임대료 규제 정책의 효과와 동일 : 초과수요, 공급 감소 • 분양 프리미엄을 얻기 위한 과도한 청약, 분양권 전매 등 투기 현상

「주택법」제57조【주택의 분양가격 제한 등】

① 사업주체가 일반인에게 **공급**하는 **공동주택** 중 다음 어느 하나에 해당하는 지역에서 공급하는 주택의 경우에는 이 조에서 정하는 기준에 따라 산정되는 분양가격 이하로 공급하여야 한다.

  1. **공공택지**

  2. **공공택지 외의 택지**로서 주택가격 상승 우려가 있어 **주거정책심의위원회의 심의**를 거쳐 지정하는 지역

② 다음 어느 하나에 해당하는 경우에는 **분양가상한제를 적용하지 아니한다.**

  1. **도시형 생활주택**

③ **분양가격**은 택지비와 건축비로 구성된다.

「주택법」제64조【주택의 전매행위 제한 등】

① **분양가상한제 적용주택**은 10년 이내의 범위에서 대통령령으로 정하는 기간이 지나기 전에는 그 주택을 **전매**하거나 이의 전매를 알선할 수 **없다.**

의 미	• 주택이 완공되기 전에 주택을 분양하는 제도 • 선분양 제도는 주택이 준공되기 전에 분양대금을 유입되게 함으로써 사업자의 초기자금부담을 완화시키고자 도입되었다.
효 과	• 공급자인 사업자에게 유리한 정책이다. • 공급자의 부실시공 및 품질저하의 문제가 발생할 수 있다.

01 　조세 정책의 이해

조세 전가	세금을 타인에게 전가시키는 현상
조세 부담	보다 비탄력적인 상대방이 보다 많이 부담한다. • 수요가 완전　탄력적: 공급자가 전부 부담 • 공급이 완전　탄력적: 수요자가 전부 부담 • 수요가 완전 비탄력적: 수요자가 전부 부담 • 공급이 완전 비탄력적: 공급자가 전부 부담

02 　우리나라 부동산 조세

구 분	취득단계	보유단계	처분단계
지방세	취득세(등록면허세)	재산세	
국 세		종합부동산세	양도소득세

✿ 상속세·증여세: 국세 / 취득단계 조세 / 누진세

✿ 취득세·등록면허세: 비례세(누진세×)

✿ 재산세·종합부동산세: 부과·징수

✿ 부가가치세: 국세

✿ 재산세·종합부동산세 과세기준일: 6월 1일

(1) 임대주택에 대한 재산세 부과의 효과

① 임대주택에 재산세가 **부과된 경우** 재산세의 실질적인 부담 정도는 **수요와 공급의 가격 탄력성**에 달려있다.

② 임차인의 가격탄력성이 **임대인의 가격탄력성**보다 탄력적이라면, 임대주택에 재산세가 부과되면 재산세는 **임대인이 보다 많이 부담한다.**

(2) 매매주택에 대한 양도소득세 부과의 효과

① 주택공급의 **동결효과**란 가격이 오른 주택의 소유자가 **양도소득세를 납부하지 않기 위해서 주택의 처분을 적극적으로 연기하거나 포기하는 현상**을 말한다.

② 양도소득세 부과로 주택의 **동결효과**가 발생하면, 주택의 공급이 감소하여 **주택의 가격이 상승할 수 있다.**

(3) 토지 단일세 등

① **헨리 조지**는 다른 모든 조세를 철폐하더라도 토지세만으로 충분히 국가의 재정을 확보할 수 있다고 하면서 **다른 모든 조세를 철폐**하고 **토지에 대한 재산세만을 단일하게 부과해야 한다**고 주장하였다.

다양한 부동산 정책

01 용도지역제

의 미	토지 이용이 토지이용계획에 부합되도록 ⊙ 토지와 건축물의 용도를 규제하고, ⓒ 건축물의 규모를 규제하는 제도
목 적	부(−)의 외부효과의 제거 및 감소

02 개발권 양도 제도

의 미	개발이 제한된 토지소유자의 손실을 개발권 양도를 통해 보전하는 제도
현 황	우리나라에 현재 도입되지 않은 제도이다.

03 토지 은행 제도(공공토지비축제도)

의 미	공익사업에 필요한 토지의 원활한 공급과 토지시장의 안정을 위하여, 장래 이용 가능한 토지를 미리 확보하고 필요한 시기에 이를 공급하는 제도
성 격	직접 개입 방식
현 황	• 현재 "공공토지비축에 관한 법률"에 근거 • 한국토지주택공사의 계정으로 운영

(1) 개발이익 환수 제도(개발이익 환수에 관한 법률)

> ① **개발부담금**이란 **개발이익을 환수**하기 위해 시장·군수·구청장이 **부과·징수**하는 금액을 말한다.

(2) 재건축, 재개발, 주거환경개선사업(도시 및 주거환경 정비법)

> ① **주거환경개선사업** : **정비기반시설**이 극히 **열악**하고 **노후·불량건축물**이 과도하게 밀집한 지역의 주거환경을 개선하거나 단독주택 및 다세대주택이 밀집한 지역에서 정비기반시설과 공동이용시설 확충을 통하여 주거환경을 보전·정비·개량하기 위한 사업

> ② **재개발사업** : **정비기반시설**이 **열악**하고 **노후·불량건축물** ~~
> ③ **재건축사업** : **정비기반시설**은 **양호**하나 **노후·불량건축물** ~~

(3) 재건축초과이익 환수 제도(재건축초과이익 환수에 관한 법률)

> ① **재건축부담금**이라 함은 재건축초과이익 중 국토교통부장관이 부과·징수하는 금액을 말한다.

(4) 부동산 실거래가 신고 제도 등(부동산 거래신고 등에 관한 법률)

> ① **거래당사자**는 부동산의 **매매계약을 체결한 경우** 그 실제 거래가격 등 대통령령으로 정하는 사항을 **거래계약의 체결일부터 30일 이내**에 그 권리의 대상인 부동산 등의 소재지를 관할하는 **시장·군수 또는 구청장**에게 **공동으로 신고하여야 한다.**

⑸ **토지거래허가 제도**(부동산 거래신고 등에 관한 법률)

① **국토교통부장관** 또는 **시·도지사**는 **토지의 투기적인 거래가 성행**하거나 **지가(地價)가 급격히 상승하는 지역**과 그러한 우려가 있는 지역에 대해서는 5년 이내의 기간을 정하여 **토지거래계약에 관한 허가구역**으로 지정할 수 있다.

② **토지거래허가를 받으려는 자**는 그 허가신청서에 계약내용과 그 토지의 이용계획, 취득자금 조달계획 등을 적어 **시장·군수 또는 구청장**에게 제출하여야 한다.

⑹ **선매제도**(부동산 거래신고 등에 관한 법률)

① **시장·군수 또는 구청장**은 **토지거래계약에 관한 허가신청**이 있는 경우 다음 어느 하나에 해당하는 **선매자**를 지정하여 그 토지를 **협의 매수**하게 할 수 있다.
  1. **공익사업용 토지**
  2. 토지거래계약허가를 받아 취득한 토지를 그 **이용목적대로 이용하고 있지 아니한 토지**

05 현재 우리나라에 없는 제도

① 개발권 양도 제도
② 택지소유상한제

③ 토지초과이득세
④ 공한지세
⑤ 종합토지세

CHAPTER

05

투자론

박문각 공인중개사

01 성과 측정 지표

(1) 수익률

의 미	총투자금액에 대한 순영업소득의 비율
수 식	수익률 $= \dfrac{\text{수익}}{\text{총투자금액}} = \dfrac{\text{순영업소득}}{\text{총투자금액}}$

(2) 지분수익률

의 미	지분투자금액에 대한 세후(세전) 현금수지의 비율
수 식	지분수익률 $= \dfrac{\text{지분수익}}{\text{지분투자금액}} = \dfrac{\text{세전(후) 현금수지}}{\text{지분투자금액}}$

다음은 임대주택의 1년간의 현금흐름에 대한 자료이다.

- 총투자액: 10억원
- 대출금액: 2억원
- 유효총소득: 2억원
- 순영업소득: 1억원
- 부채서비스액: 연 2,000만원
- 세전현금수지: 연 8,000만원

① 수익률(= 환원율, = 순소득률)?
② 지분배당률?

(1) 지렛대 효과

의 미	타인자본을 이용하여 지분수익률을 변화시키는 효과
구 분	• 타인자본을 활용 ⇨ 지분수익률이 증가 : 정(+)의 지렛대 • 타인자본을 활용 ⇨ 지분수익률이 불변 : 중립적 지렛대 • 타인자본을 활용 ⇨ 지분수익률이 감소 : 부(−)의 지렛대

(2) 정의 지렛대 효과

필수 요건	• 은행이 적게 가져가야 한다. • 대출금리(저당수익률)가 낮아야 한다.
기 타	• 저당수익률이 낮다면, 대부비율을 올려야 한다. • 지분수익률이 올라갈수록, 부담해야 할 위험도 증가한다.

① 투자수익률보다 **저당수익률**(대출금리)**이 낮다면, 정(+)의 지렛대 효과**가 발생한다.

② 투자수익률보다 **지분수익률이 높다면, 정(+)의 지렛대 효과**가 발생한다.

③ 투자수익률보다 **낮은** 금리로 대출이 가능하다면, **부채비율**(대부비율, 차입비율)**이 크면 클수록 지분수익률은 보다 증가한다.**

④ 지렛대 효과를 통해 지분수익률이 증가하면 **부담해야 할 위험도 그만큼 증가한다.**

01 위험의 이해

의 미	• 투자의 불확실성 • 예상했던 결과와 실제 실현된 결과가 달라질 가능성	
종 류	의 미	위험이 발생하는 원인으로 구분
	내 용	• 사업상 위험 : 시장 위험 / 운영 위험 / 위치적 위험 • 금융 위험 • 법적 위험 • 인플레이션 위험 • 유동성 위험

① 투자**사업 자체**에서 발생되는 수익성에 관한 위험은 **사업상 위험**이다.

② **시장의 불확실성**이 주는 투자 수익의 변화가능성은 **시장 위험**이다.

③ **근로자의 파업, 영업경비의 변동** 등으로 발생하는 투자의 불확실성은 **운영 위험**이다.

④ 외부 환경 변화로 발생되는 **상대적 위치의 변화**로 야기되는 불확실성은 **위치적 위험**이다.

⑤ 정부의 **정책**이나 **법률개정** 등으로 발생하는 불확실성은 **법적 위험**이다.

⑥ **부동산을 현금으로 전환하는 과정**에서 발생하는 시장가치의 손실가능성은 **유동성 위험**이다.

⑦ 투자자가 부동산을 원하는 시기와 가격에 현금화하지 못하는 경우는 **유동성 위험**에 해당한다.

측 정	분산, 표준편차
관 계	• 위험과 수익은 비례(+) 관계에 있다. • 비례 관계의 다른 표현 : 정(+)의 상관관계, 상충 관계, 상쇄 관계

① 위험은 **분산**이나 **표준편차**로 측정할 수 있다.
② 측정된 분산이나 표준편차가 **클수록 보다 위험한 대안**으로 평가된다.

02 위험에 대한 투자자의 태도

구 분	• 위험 회피형(혐오형) : 투자론의 기본 가정 • 위험 중립형 • 위험 선호형(추구형)
내 용	위험 회피형 투자자는 • 위험이 예상되면, 예상된 위험에 대해 보상(수익)을 요구한다. • 위험을 보다 회피할수록, 보다 많은 보상(수익)을 요구한다.

01 수익률 기준

(1) 기대수익률

의 미	• 투자 대안으로부터 기대되는 수익률 • 시장 상황으로 결정되는 객관적 수익률
산 정	기대수익률 = $\sum$(시장상황별 추정수익률 × 시장상황별 확률)

(2) 요구수익률

의 미	• 투자자가 투자를 하기 위해 요구하는 최소한의 수익률 • 기대수익률의 높고 낮음을 판단하는 기준 • 투자자에 따라 달라지는 주관적 수익률 • 투자자금의 기회비용을 의미
산 정	요구수익률 = 무위험률 + 위험할증률 • 무위험률: 시간에 대한 대가, 예금이자율 • 위험할증률: 위험에 대한 대가

(3) 투자 결정

기대수익률 > 요구수익률

☑ **주의**(질문이 많은 지문)

A투자안의 **기대수익률**이 요구수익률보다 **높다면**, 투자수요가 증가함으로써 A투자안의 가격이 상승한다. 그 결과 **기대수익률**은 **하락**한다.

지배 원리	• 수익이 동일하다면, 위험이 낮은 대안을 선택한다. • 위험이 동일하다면, 수익이 높은 대안을 선택한다.

	부동산	기대수익의 평균(%)	표준편차(%)
	A	10	10
	B	10	13
적 용	C	12	15
	D	16	15

적 용	㉠ A와 B : 수익이 동일하다면, 위험이 낮은 A안을 선택한다. ㉡ C와 D : 위험이 동일하다면, 수익이 높은 D안을 선택한다. ㉢ 한계점 : A안과 D안의 우열을 판단할 수 없다.

♤ 변이계수(변동계수) (참고)

의 미	• 표준편차(위험)를 기대수익률(수익)로 나눈 값 • 수익 1단위를 얻기 위해 부담해야 할 위험의 크기를 의미한다.
산 식	$$변동계수 = \frac{위험(표준편차)}{수익(기대수익률)}$$

① 평균 · 분산 지배원리가 성립되지 않는 경우에 **변동계수**를 활용하기도 한다.
② 위험회피형 투자자는 **변이계수**(변동계수)가 **작은 투자안을 선호**한다.

제 26 절 위험의 관리

01 위험의 관리

보수적 예측 방법	• 수익은 가능한 낮게 예측하고, • 비용은 가능한 높게 예측하는 방법
위험조정 할인율법	• 위험이 발견되면, 할인율을 조정하는 방법 • 위험한 투자안에 대해 보다 높은 할인율을 적용하는 방법 • 위험한 투자안에 대해 보다 높은 요구수익률을 적용하는 방법
민감도 분석	• 감응도 분석, 낙비쌍관법 • 원인(투입요소, 투입값)과 결과의 관계를 분석하는 방법 • 낙관적 또는 비관적 상황의 변화를 통한 분석 • 민감도가 클수록 보다 위험한 대안으로 평가된다.

02 포트폴리오 이론(논점 3가지)

(1) 모든 위험이 제거되는가?

내 용	• 비체계적 위험(자산 위험): 제거될 수 있다. • 체계적 위험(시장 위험): 제거될 수 없다.

(2) 자산을 어떻게 조합하는가?

내 용	• 서로 다른 자산을 묶는다. • 수익률의 변화 방향이 상반된 자산끼리 묶는다. • 상관계수가 '−1'에 가까운 자산끼리 묶는다.

① **상관계수**는 "−1"과 "+1" 사이의 값을 갖는다.
② 상관계수는 **두 자산의 수익률 변동**이 서로 **상반되는 경우**라면 **음수**(−)의 값으로 측정되고, 두 자산의 수익률 변동이 **서로 비례하는 경우**라면 **양수** (+)의 값으로 측정된다.

③ 포트폴리오에 포함된 개별자산 간 **수익률의 상관계수**가 '**+1**'이라면 **분산 투자효과는 없다.**
④ 포트폴리오 구성자산들의 수익률분포가 **완전한 음의 상관관계**(−1)에 있다면 **비체계적 위험을 0까지 줄일 수 있다.**

(3) 최적 포트폴리오

내 용	• 효율적 전선과 무차별곡선이 접하는 지점의 포트폴리오 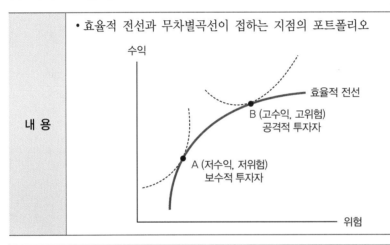

① **효율적 전선**을 구성하는 포트폴리오는 **평균 · 분산 지배원리**로 선택된 **포트폴리오**로서 동일한 위험에서 **최고의 수익**을, 동일한 수익에서 **최소의 위험**을 가진 포트폴리오를 의미한다.
② **효율적 전선이 우상향하는 이유**는 위험과 수익이 **비례관계**에 있기 때문이다.

6계수의 활용과 관계

01 6계수

미래가치 계수 (내가 계수)	일시불의 미래가치 계수	$\times (1+r)^n$
	연금의 미래가치 계수	$\times \dfrac{(1+r)^n - 1}{r}$
현재가치 계수 (현가 계수)	일시불의 현재가치 계수	$\times \dfrac{1}{(1+r)^n}$
	연금의 현재가치 계수	$\times \dfrac{(1+r)^n - 1}{r \cdot (1+r)^n}$
응용 수식	저당상수	$\times \dfrac{r \cdot (1+r)^n}{(1+r)^n - 1}$
	감채기금계수	$\times \dfrac{r}{(1+r)^n - 1}$

02 저당상수와 감채기금계수

저당상수	의 미	주택저당대출을 받은 경우, 은행에 상환할 매기 원리금을 구하는 수식
	산 식	대출금액 × 저당상수 = 매기 원리금 상환액

감채기금 계수	의 미	미래 목표금액(기금)을 만들기 위한, 은행에 매기 적립해야 할 금액을 구하는 수식
	산 식	목표금액 × 감채기금계수 = 매기 적립액

(1) 6계수의 활용

① 현재 5억원인 주택이 매년 5%씩 가격이 상승한다고 가정할 때, **10년 후의** 주택가격은 **일시불의 미래가치 계수**를 사용하여 계산할 수 있다.
② **연금**형태로 매년 예금하는 정기적금을 10년 동안 **적립한 후**에 달성되는 금액은 **연금의 미래가치 계수**를 활용하여 산정한다.

③ 3년 후 1억원이 될 것으로 예상되는 토지의 **현재가치**를 계산하기 위해서는 **일시불의 현재가치 계수**를 활용한다.
④ **매월 말 100만원씩** 10년간 들어올 것으로 예상되는 임대료 수입의 **현재가치**를 계산하려면, **연금의 현재가치 계수**를 활용한다.

⑤ 은행으로부터 **원리금균등분할상환 방식**의 주택구입자금을 대출한 가구가 **매기 상환할 원리금**을 산정하는 경우에는 **저당상수**를 사용한다.
⑥ 직장인이 10년 후에 1억원을 만들기 위해서 은행에 **매기 적립해야 할 금액**을 산정하기 위해서는 **감채기금계수**를 활용한다.

(2) 6계수의 관계

① **연금의 현재가치 계수**의 **역수**는 **저당상수**이다.
② **연금의 미래가치 계수**와 **감채기금계수**는 **역수** 관계이다.

01　보유기간 현금흐름

가	임대 가능 호수 × 단위당 임대료	= 가능총소득
유	가능 − 공실 · 불량부채 + 기타 소득	= 유효총소득
순	유효　　　　　　　− 영업경비	= 순영업소득
전	순　　　　　　　− 부채서비스액	= 세전현금수지
후	세전　　　　　　　− 영업소득세	= 세후현금수지

(1) 영업경비

1. **포함**되는 항목: 유지 · 수선비, 관리비, 전기 · 수도 · 가스요금, 화재보험료
   임대부동산에 대한 **재산세** 등

2. **제외**되는 항목: 공실 및 불량부채, 부채서비스액, 영업소득세, 자본이득세
   (양도소득세)
   관리인의 **개인적** 업무비, **감가상각비** 등

(2) 영업소득세 계산 유형

1. **순영업소득** 기준
   [**순영업소득** + **대체충당금** − **이자** 비용 − 감가**상**각비] × 세율 = 세액

순	매도가격 　　　　　 − 매도경비	= 순매도소득
전	순 　　　　　 − 미상환 저당잔금	= 세전지분복귀액
후	세전 　　　　　 − 양도소득세	= 세후지분복귀액

다음은 임대주택의 1년간의 현금흐름이다. 연간 세후현금흐름은?

- 단위 면적당 월 임대료: 20,000원/m^2
- 임대면적: 100m^2
- 공실손실상당액: 임대료의 10%
- 영업경비: 유효총소득의 30%
- 부채서비스액: 연 600만원
- 영업소득세: 세전현금흐름의 20%

1. 가능총소득 　 : 20,000원/m^2 × 100m^2 × 12월 = 24,000,000원
2. 유효총소득 　 : 24,000,000원 × 0.9 = 21,600,000원
3. 순영업소득 　 : 21,600,000원 × 0.7 = 15,120,000원
4. 세전현금수지: 15,120,000원 − 6,000,000원(부채서비스액) = 9,120,000원
5. 세후현금수지: 9,120,000원 × 0.8 = 7,296,000원

☑ **요령**

1. 2,400만] −10%] −30%] −600만] −20% = 세전
2. 수식을 보면서 따박! 따박! 계산한다.

01 할인법의 이해

의 미	• 수익과 비용을 현재가치로 할인하여 투자를 분석하는 방법 • 화폐의 시간가치를 고려하는 방법
종 류	• 순현가법　　　　• 수익성지수법　　　• 내부수익률법 • 현가회수기간법

02 방식의 구체적 내용

(1) 순현가법

순현가	수익(현금유입) 현가 - 비용(현금유출) 현가 = 순현가
투자 결정	순현가 > 0

(2) 수익성지수법

수익성지수	수익(현금유입) 현가 ÷ 비용(현금유출) 현가 = 수익성지수
투자 결정	수익성지수 > 1

(3) 내부수익률법

내부수익률	• 순현가를 '0'으로 만드는 할인율 • 수익성지수를 '1'로 만드는 할인율 • 현금유입의 현가와 현금유출의 현가가 일치되는 할인율
투자 결정	내부수익률 > 요구수익률

⑷ 순현가법과 수익성지수법의 특징

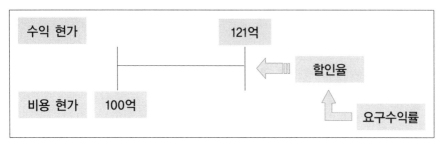

① 순현가 또는 수익성지수를 산정하기 위해서는 사전에 **할인율(요구수익률)** **이 결정**되어야 한다.
② **할인율(요구수익률)이 클수록, 순현가는 작아진다.**
③ 순현가가 0이라면 수익성지수는 1이 된다.
④ 수익성지수가 **1보다 크면** 순현재가치는 **0보다 크다.**

⑸ 순현가법의 우월성

① **순현가법은** 내부수익률법에 비해 **보다 우월한 방법**으로 평가된다.
② 재투자율의 가정, 가치가산의 원리(부의 극대화)의 측면에서 **순현가법**이 **보다 합리적**이다.
③ **재투자율 가정**: 순현가 - 요구수익률, 내부**수익률**법 - 내부**수익률**
④ **내부수익률 단점**: **존재하지 않거나, 복수가** 산정될 수 있다.

01　비할인법의 이해

의 미	화폐의 시간가치를 고려하지 않는 방법
종 류	• 어림셈법 : 수익률법, 승수법 • 비율분석법

02　수익률과 승수

수익률	• 수익의 크기를 측정하는 지표 • 수익이 투자금액의 몇 %인가?	$수익률 = \dfrac{수익}{투자금액}$
승 수	• 투자금액의 크기를 측정하는 지표 • 투자금액이 수익의 몇 배인가?	$승수 = \dfrac{투자금액}{수익}$

① **순소득률**(자본환원이율)은 총투자금액에 대한 순영업소득의 비율이다.
② **세전현금수지율**(지분배당률)은 **지분**투자금액에 대한 세전**현금**수지의 비율이다.

③ **순소득승수**란 총투자금액을 순영업소득으로 나눈 값이다.
④ **세후현금흐름승수**는 **지분**투자금액을 세후**현금**흐름으로 나눈 값이다.

부채감당률	$= \dfrac{\text{순영업소득}}{\text{부채서비스액}}$
채무불이행률	$= \dfrac{\text{영업경비 + 부채서비스액}}{\text{유효총소득}}$
총자산회전율	$= \dfrac{\text{총소득}}{\text{총자산 가격}}$

① 부채감당률은 **순영업소득**이 **부채서비스액**을 **감당**할 수 있는지를 나타내는 지표이다.
② **부채감당률**이 **1보다 크다**는 것은 **순영업소득**이 대출의 원리금을 상환하고도 잔여액이 있음을 의미한다.

대부비율	$= \dfrac{\text{대출금액}}{\text{부동산 가격}}$
부채비율	$= \dfrac{\text{부채}}{\text{자기자본}}$

③ 투자자가 10억원에 해당하는 부동산을 구입하기 위해 대출 8억원을 받았다면, **대부비율**은 80%이고 **부채비율**은 400%가 된다.

04 　회계적이익률법, 자본회수기간

① **회계적이익률법**은 이익률이 **가장 높은 투자안**을 선택한다.
② **회수기간법**은 **회수기간**이 가장 **짧은 대안**을 선택한다.

(1) **투자분석기법**(할인법)

A와 향후 2년간 현금흐름을 이용한 다음 사업의 수익성지수(PI)는? 31회

> • 모든 현금의 유입과 유출은 매년 말에만 발생
> • 현금유입은 1년차 1,000만원, 2년차 1,200만원
> • 현금유출은 현금유입의 80%
> • 1년 후 일시불의 현가계수 0.95
> • 2년 후 일시불의 현가계수 0.90

① 1.15
② 1.20
③ 1.25
④ 1.30
⑤ 1.35

◆ 정답 ③

⑵ **투자분석기법**(비할인법)

비율분석법을 이용하여 산출한 것으로 틀린 것은? (단, 연간 기준임) 30회

- 주택담보대출액 : 1억원
- 주택담보대출의 연간 원리금상환액 : 500만원
- 부동산가치 : 2억원
- 차입자의 연소득 : 1,250만원
- 가능총소득 : 2,000만원
- 공실손실상당액 및 대손충당금 : 가능총소득의 25%
- 영업경비 : 가능총소득의 50%

① 담보인정비율(LTV) = 0.5
② 부채감당률(DCR) = 1.0
③ 총부채상환비율(DTI) = 0.4
④ 채무불이행률(DR) = 1.0
⑤ 영업경비비율(OER, 유효총소득 기준) = 0.8

◆ 정답 ⑤

A부동산의 1년간 운영수지이다. A부동산의 세후현금흐름승수는? ^{34회}

- 총투자액 : 50,000만원
- 지분투자액 : 36,000만원
- 가능총소득(PGI) : 6,000만원
- 공실률 : 15%
- 재산세 : 500만원
- 원리금상환액 : 600만원
- 영업소득세 : 400만원

① 8
② 10
③ 12
④ 15
⑤ 20

◆ 정답 ②

금융론

01 부채금융과 지분금융

(1) 부채금융

의 미	돈을 빌리는 방식
종 류	• 채권 및 사채 발행 • 저당금융(대출), 신탁증서금융(대출), 프로젝트 금융(대출) • 각종 유동화 증권 : ABS, MBS, CMBS, ABCP

(2) 지분금융

의 미	돈을 투자받는 방식
종 류	• 주식의 발행 / 공모를 통한 증자, 보통주 • 신디케이션, 조인트 벤처, 부동산투자회사

(3) 메자닌 금융

의 미	부채금융과 지분금융의 중간적 성격을 갖는 금융
종 류	• 신주인수권부사채, (주식)전환사채 • 후순위 채권

02 주택소비금융과 주택개발금융

주택소비금융	주택 구입에 필요한 자금을 주택소비자에게 대출하는 행위
주택개발금융	주택 건설에 필요한 자금을 건설업자에게 대출하는 행위

01 이자율 위험과 인플레이션 위험

이자율 위험	의 미	은행이 고정금리 상품을 판매한 경우, 시장금리가 상승하면 은행의 수익성이 악화된다.
	대 책	변동금리 상품
인플레이션 위험	의 미	은행이 고정금리 상품을 판매한 경우, 시장의 인플레이션이 예상되면 은행은 불리해진다.
	대 책	변동금리 상품

① **은행**은 인플레이션 **위험**을 차입자에게 전가시키기 위해서 **변동금리 상품**을 선호한다.

02 조기상환 위험과 채무불이행 위험

조기상환 위험	의 미	차입자의 조기상환이 발생하면 은행은 불확실해진다.
	시 기	차입자의 조기상환은 시장금리가 하락할 때 나타난다.
	대 책	조기상환 수수료 또는 조기상환 벌금을 부과
채무불이행 위험	의 미	차입자의 채무불이행이 발생하면 은행은 불리해진다.
	대 책	• 대부비율(LTV), 부채상환비율(DTI) 등의 하향 조정 • 부채감당률이 1보다 큰 사업에 대출

① **시장이자율**이 약정이자율보다 **낮아지면** 차입자는 **조기상환**을 고려한다.

01 대출금액을 결정하는 기준

(1) LTV(대부비율)

의 미	• 부동산 가격에서 대출금액이 차지하는 비율 • 차입자가 제공한 담보물의 가치를 기준으로 대출금액을 결정
수 식	$$LTV = \dfrac{대출금액}{부동산\ 가격}$$

(2) DTI(총부채상환비율), DSR(총부채원리금상환비율)

의 미	• 차입자의 연소득에서 대출의 원리금이 차지하는 비율 • 차입자의 소득을 기준으로 대출의 적정성을 판단하는 기준
수 식	$$DTI = \dfrac{주택담보대출의\ 원리금\ 상환액}{차입자의\ 연소득}$$ $$DSR = \dfrac{모든\ 대출의\ 원리금\ 상환액}{차입자의\ 연소득}$$

☑ **주의**(정답을 찾는 요령)

1. LTV 이외의 잡것들의 풀이 방법은 동일하다.
2. (차입자 연소득 × DTI) ÷ 저당상수 ⇨ 대출금액 추정

A는 연소득이 5,000만원이고 시장가치가 3억원인 주택을 소유하고 있다. 현재 A가 이 주택을 담보로 5,000만원을 대출받고 있을 때, 추가로 대출 가능한 최대 금액은? 31회

- 연간 저당상수 : 0.1
- 대출승인기준
  - 담보인정비율(LTV) : 시장가치기준 50% 이하
  - 총부채상환비율(DTI) : 40% 이하
  ※ 두 가지 대출승인기준을 모두 충족시켜야 함.

❶ 정답 1억원

02 저당잔금

의 미	특정 시점에서 상환하지 않고 남아있는 대출원금
수 식	• 미상환 원리금을 현재가치로 환산하여 산정할 수 있다. • t시점의 저당잔금 저당잔금 = 원리금 상환액 × 연금의 현재가치계수(r%, N − t) r% : 대출금리, N : 대출기간(상환기간)

대출금리

01 고정금리 상품

의 미	상환기간 동안 대출금리가 고정되는 상품
특 징	대출금액, 상환기간 등의 조건이 동일하다면, 고정금리 상품의 대출금리가 변동금리 상품의 대출금리보다 높다.

02 변동금리 상품

의 미	특정 지표에 대출금리가 변동되는 상품
구 조	<div>대출금리 = 기준 금리(지표) + 가산 금리</div> • 기준 금리 : CD유통수익률 • 기준 지표 : 코픽스(COFIX ; Cost Of Fund Index, 자금조달비용지수) • 가산 금리 : 차입자의 신용도 등 대출의 위험에 따라 가산되는 금리

① 변동금리방식을 적용함에 있어서 **이자율 조정주기를 짧게 할수록** 대출자인 은행의 위험은 차입자에게 보다 **빠르게** 전가된다.

② 변동금리대출의 경우, 시장이자율 상승 시 **이자율 조정주기가 짧을수록 대출기관**에게 **유리**하다.

01 원리금 균등 상환 방식

대출 조건	• 대출금액 : 1억원 / 대출금리 : 10% / 상환기간 : 10년 • 저당상수 : 0.163

(1) 상환 흐름의 이해

구 분	1기	2기	3기
1. 원금 + 이자^{주1)}	1,630만원	1,630만원	1,630만원
2. 이자	1,000만원	(증가, **감소**)	(증가, **감소**)
3. 원금	630만원	(**증가**, 감소)	(**증가**, 감소)

주1) 원금 + 이자(저당지불액) : 대출금액(1억원) × 저당상수(0.163) = 1,630만원

① 원리금 균등 상환 방식은 매기 지급하는 원리금은 동일하지만, **원리금 중에서 원금과 이자가 차지하는 비중은 상환시기에 따라 달라진다.**
② 매기 **이자가 감소**하는 만큼 **원금 상환액이 증가**한다.

(2) 상환흐름의 계산

구 분	1기	2기	3기
1. 원금 + 이자^{주1)}	1,630만원	1,630만원	1,630만원
2. 이자	1,000만원	937만원	867.7만원
3. 원금^{주2)}	630만원	693만원	762.3만원

주1) 원금 + 이자(저당지불액) : 대출금액(1억원) × 저당상수(0.163) = 1,630만원
주2) 2기부터 원금 상환액은 전기의 10%씩 증가한다.

대출 조건	• 대출금액 : 1억원 / 대출금리 : 10% / 상환기간 : 10년 • 저당상수 : 0.163

(1) 상환 흐름의 이해

구 분	1기	2기	3기
1. 원금[주1]	1,000만원	1,000만원	1,000만원
2. 이자	1,000만원	(증가, **감소**)	(증가, **감소**)
3. 원금 + 이자	2,000만원	(증가, **감소**)	(증가, **감소**)

주1) 원금 : 대출금액(1억원) ÷ 10년 = 1,000만원

① 원금 균등 상환 방식의 경우 매기에 상환하는 **원리금은 일정하게 감소**한다.
② 원금 균등 상환 방식의 **대출 잔액**은 상환기간이 경과할수록 **매기 일정금액이 감소**한다.

(2) 상환흐름의 계산

구 분	1기	2기	3기
1. 원금[주1]	1,000만원	1,000만원	1,000만원
2. 이자[주2]	1,000만원	900만원	800만원
3. 원금 + 이자	2,000만원	1,900만원	1,800만원

주1) 원금 : 대출금액(1억원) ÷ 10년 = 1,000만원
주2) 이자 지급액은 2기부터 매년 100만원(= 1,000만원 × 10%)씩 감소한다.

03 체증식 상환 방식

① 원금과 이자의 합계가 점점 증가하도록 상환하는 방식은 **체증식 상환 방식**이다.
② 미래 소득이 증가할 것으로 기대되는 **젊은 계층**에 유리한 방식이다.
③ **체증식(점증식) 상환** 방식은 **부(負)의 상환**이 발생할 수 있다.

04 상환방식의 비교

(1) 상환방식의 특징

구 분	비교 내용
원금 균등	원금(빚)을 빠르게 상환하는 방식 / 이자 부담은 적다.
원리금 균등	기준
체증식	원금(빚)을 천천히 상환하는 방식 / 이자 부담은 많다.

(2) 상환기간 전체 비교

구 분	비교 내용
전체 누적 이자	점증 상환 > 원리금 균등 > 원금 균등
듀레이션	빠르게 상환하는 방식일수록 보다 짧다.

① 초기 **불입액**은 **원금균등**분할상환방식이 원리금균등분할상환방식보다 **많다**.
② 대출기간 초기에는 **중도상환**시 차입자가 상환해야 하는 **저당잔금**은 **원리금균등**분할상환방식이 원금균등분할상환방식보다 **많다**.

③ **원리금균등**분할상환방식은 원금균등분할상환방식에 비해 상환기간 **전체의 누적이자액**이 **보다 많은** 방식이다.

주택저당채권 유동화

01 주택저당채권 유동화 제도의 이해

의 미	은행이 주택저당채권을 매각하여 새로운 자금을 도입하고자 하는 제도
목 적	은행의 유동성 증가
특 징	유동화는 자산을 증권으로 변화시킨다.

구 조	

① **주택저당증권**(MBS)이란 주택저당채권(mortgage) 유동화를 위해 유동화 중개기관이 주택저당채권을 기초로 발행하는 새로운 형태의 증권이다.

02 주택저당증권의 비교

구 분	MPTS	MBB	MPTB / CMO
성 격	(지분형)	(채권형)	(혼합형)
소유권 (채무불이행위험)	투자자	발행기관	발행기관
원리금 수취권	투자자	발행기관	투자자
조기상환위험	투자자	발행기관	투자자

(1) **MPTS**(mortgage pass through securities)**의 특성**

① MPTS는 **지분형** 주택저당증권이다.
② MPTS의 경우 주택저당채권의 관련 위험이 모두 **투자자**에게 **이전된다.**

③ MPTS의 경우 **증권의 수익**은 기초자산인 **주택저당채권**집합물의 **현금흐름에 의존한다.**

(2) **MBB**(mortgage backed bonds)**의 특성**

① MBB는 **채권형** 주택저당증권이다.
② MBB의 경우 주택저당채권의 관련 위험은 모두 **발행자가 보유한다.**

③ MBB의 **발행자는** 초과담보를 **제공**하는 것이 일반적이다.
④ MBB의 경우 주택저당대출차입자의 채무불이행이 발생하더라도 **발행자는** MBB에 대한 원리금을 투자자에게 **지급하여야 한다.**

(3) **MPTB**(mortgage pay through bonds), **CMO의 특성**

① MPTB는 MPTS와 MBB를 **혼합한 성격**의 증권이다.
② MPTB의 **발행자는** 최초의 주택저당채권 집합물에 대한 **소유권을 갖는다.**
③ MPTB의 **투자자는** 최초의 주택저당채권 집합물에 대한 **원리금 수취권을** 갖는다.

④ **다계층저당증권**(CMO)은 주택저당채권의 현금흐름을 **다양한 형태**의 채권에 재분배한 형태이다.
⑤ CMO의 발행자는 일정한 가공을 통해 위험 − 수익 구조가 **다양한 트렌치**의 증권을 발행한다.

부동산투자회사

01 부동산투자회사(REITs ; 리츠)

의 미	부동산투자회사란 자산을 부동산에 투자하여 운용하는 것을 주된 목적으로 설립된 회사를 말한다.	
구 분	실질형	• 자기관리 부동산투자회사
	명목형	• 위탁관리 부동산투자회사 • 기업구조조정 부동산투자회사

02 부동산투자회사법

(1) 부동산투자회사

① **위탁관리, 기업구조조정** 부동산투자회사는 **명목형** 회사이다.
② **위탁관리** 부동산투자회사는 본점 외의 **지점을 설치할 수 없으며** 직원을 고용하거나 **상근임원을 둘 수 없다.**
③ **위탁관리** 부동산투자회사는 자산의 투자 · 운용을 **자산관리회사**에 **위탁**하여야 한다.

④ **감정평가사** 또는 **공인중개사**로서 해당 분야에 5년 이상 종사한 사람은 **자기관리** 부동산투자회사의 상근 **자산운용전문인력**이 될 수 있다.

(2) 회사의 설립

① 부동산투자회사는 **주식회사**로 한다.
② 부동산투자회사는 **현물출자**에 의한 설립을 할 수 **없다.**

③ **설립자본금**
  1. **자기관리** 부동산투자회사 : 5억원 이상
  2. **위탁관리** 및 **기업구조조정** 부동산투자회사 : 3억원 이상

④ **자기관리** 부동산투자회사는 그 설립등기일부터 10일 이내에 **설립보고서**를 작성하여 국토교통부장관에게 제출하여야 한다.

⑶ **영업의 인가 등**

⑷ **자본의 모집**

① **최저자본금**
  1. **자기관리** 부동산투자회사 : 70**억원** 이상
  2. **위탁관리** 및 **기업구조조정** 부동산투자회사 : 50**억원** 이상

② 발행 주식 총수의 30% **이상을** 일반의 청약에 **제공하여야 한다.**
③ 주주 1인은 발행주식 총수의 50%**를 초과하여 소유하지 못한다.**
④ 부동산투자회사는 영업인가를 받고 **최저자본금 이상**을 갖추기 전에는 **현물출자**를 받는 방식으로 신주를 발행할 수 **없다.**

⑸ **자산의 구성**

① 총자산의 80% **이상을 부동산, 부동산 관련 증권 및 현금**으로 구성하여야 한다.
② 이 경우 총자산의 70% **이상**은 **부동산**(건축 중인 건물 포함)이어야 한다.

⑹ **수익의 배당**

① 해당 연도 이익배당한도의 90% **이상**을 **주주에게 배당**하여야 한다.

제 39 절 | 프로젝트 대출(PF), 주택연금

01 프로젝트 금융(대출)

의 미	프로젝트로부터 발생하는 미래 현금흐름을 상환재원으로 자금을 공급하는 방식

🔒 프로젝트 금융의 특징

주된 특징	• 사업주: 비소구 금융 또는 제한적 소구 금융 • 사업주: 부(簿)외 금융효과(회계장부에 표시되는 않는 효과)
기타 특징	• 에스크로 계좌 활용 • 시공사에 책임준공 의무 부과 • 개발사업지 등에 대한 담보신탁 활용 • 요건을 갖춘 경우, 법인세 감면 혜택

02 주택담보노후연금(주택연금, 역모기지)

의 미	주택연금이란 집은 소유하고 있지만, 소득이 부족한 어르신들에게 매달 안정적인 수입을 가질 수 있도록 주택을 담보로 생활비를 지급하는 제도이다.

🔒 가입 조건

연 령	주택소유자 또는 배우자가 만 55세 이상
주 택	• 일반 주택(주택법상 주택) • 지방자치단체 신고한 노인주택 • 주거목적 오피스텔

(1) 원리금균등상환방식 계산

A씨는 8억원의 아파트를 구입하기 위해 은행으로부터 4억원을 대출받았다. 은행의 대출조건이 다음과 같을 때, A씨가 ㉠ **2회차에 상환할 원금**과 ㉡ **3회차에 납부할 이자액**을 순서대로 나열한 것은? ^{29회}

> • 대출금리 : 고정금리, 연 6%
> • 대출기간 : 20년
> • 저당상수 : 0.087
> • 원리금 상환조건 : 원리금균등상환방식, 연 단위 매기간 말 상환

① 10,800,000원, 23,352,000원
② 11,448,000원, 22,665,120원
③ 11,448,000원, 23,352,000원
④ 12,134,880원, 22,665,120원
⑤ 12,134,880원, 23,352,000원

◆ 정답 ②

(2) 원금균등상환방식 계산

A는 주택 구입을 위해 연초에 6억원을 대출 받았다. A가 받은 대출 조건이 다음과 같을 때, ㉠ 대출금리와 ㉡ 3회차에 상환할 원리금은? 32회

- 대출금리 : 고정금리
- 대출기간 : 30년
- 원리금 상환조건 : 원금균등상환방식, 매년 말 연단위 상환
- 1회차 원리금 상환액 : 4,400만원

---

① ㉠: 연 4%, ㉡: 4,240만원
② ㉠: 연 4%, ㉡: 4,320만원
③ ㉠: 연 5%, ㉡: 4,240만원
④ ㉠: 연 5%, ㉡: 4,320만원
⑤ ㉠: 연 6%, ㉡: 4,160만원

◆정답 ①

07

개발론 등

01 개발의 이해

의 미	• 토지의 유용성을 증가시키기 위하여 토지를 조성하고, 건물을 건축하고, 공작물을 설치하는 행위 • "시공" 행위는 개발업의 개념에서 제외된다.

02 위 험

종류 (원인)	• 법률적 위험 • 시장 위험 • 비용 위험

① **토지이용계획이 확정된 토지**를 구입하는 것은 **법적인 위험**을 줄이기 위한 방안이다.

② 사업부지에 **군사시설보호구역**이 일부 포함되어 사업이 지연되었다면 이는 **법적 위험** 분석을 소홀히 한 결과이다.

③ **시장 위험**은 개발된 부동산이 **분양**이나 **임대가 되지 않거나**, 계획했던 가격 이하나 임대료 이하로 매각되거나 임대되는 경우를 말한다.

④ **개발기간의 연장, 인플레이션** 등으로 발생되는 불확실성은 **비용 위험**에 속한다.

⑤ **행정청의 인허가 지연으로 인한 손실** 등은 개발업자가 통제할 수 **없는** 위험이다.

⑥ **부실 공사에 따른 책임 위험**은 개발업자가 통제할 수 **있는** 위험이다.

제 **42** 절 │ 부동산 개발의 타당성 분석

01 ▌ 개발을 위한 부동산 분석

(1) 시장에 대한 연구

지역경제 분석		지역 내 모든 부동산에 대한 기본적인 수요요인을 분석하는 과정
시장 분석		특정 지역, 특정 유형의 부동산에 대한 수요와 공급을 분석하는 과정

시장성 분석	의 미	흡수율 등을 통해 미래(준공 시점) 시장의 성질을 분석하는 과정
	흡수율	공급된 부동산이 단위 시간 동안 매매, 임대 또는 분양되는 비율

① **시장성 분석**은 부동산이 현재나 미래의 시장상황에서 **매매** 또는 **임대**될 수
있는 **가능성**을 조사하는 것이다.
② **시장성 분석**은 특정 부동산이 가진 경쟁력을 중심으로 해당 부동산이 **분
양**될 수 있는 **가능성**을 분석한다.

(2) 개발의 의사결정 연구

타당성 분석	개발사업의 실행 가능성을 법률적·기술적·경제적 측면에서 구체 적이고 세부적으로 판단하는 과정
투자 분석	다양한 투자분석기법을 활용하여 개발업자가 최종 대안을 선택하는 과정

01 공영개발 방식(토지를 취득하는 방식)

매수 방식	• 협의 매수 / 수용(강제적 취득)
환지 방식	• 토지소유권의 재분배(교환) 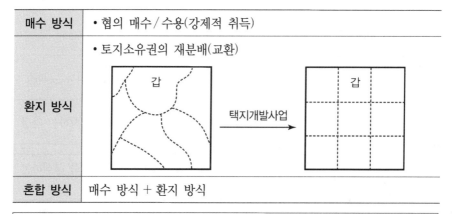
혼합 방식	매수 방식 + 환지 방식

① **환지 방식**은 개발되기 전 토지의 위치 · 지목 · 이용도 등을 고려하여, 토지 소유자에게 개발이 완료된 **토지를 재분배하는 방식**이다.

② 환지 방식에서 감보된 토지의 **일부**는 필요한 **기반시설 용지**로 사용되고, 나머지 **체비지**는 사업 비용에 충당하기 위해서 경매처분한다.

자체 개발 방식	• 토지소유자가 사업의 전반적인 과정을 직접 담당하는 방식 • 자체 사업은 이익의 측면에서는 유리한 방식이지만, 위험이 크다는 단점을 동시에 갖는다.
지주 공동 사업	개발의 위험을 낮추기 위해서 토지소유자가 건설업자 또는 개발업자와 사업을 공동으로 수행하는 방식

♤ **지주공동사업**

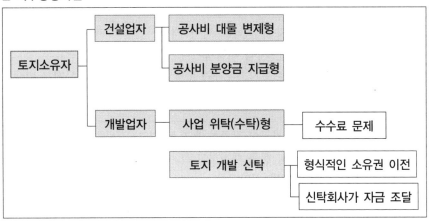

(1) 공사비 대물 변제형, 공사비 분양금 지급형

① 토지소유자가 건설업자에게 시공을 맡기고 **건설에 소요된 비용**을 완성된 **건축물**로 **변제**하는 방식은 **공사비 대물 변제형**이다.

② 토지소유자가 건설업자에게 시공을 맡기고 **건설에 소요된 비용**을 완성된 건물의 **분양 수익금**으로 **지급**하는 방식은 **공사비 분양금 지급형**이다.

(2) 사업 위탁 방식, 신탁 방식

① 개발업자가 토지소유자의 위탁을 받아 개발사업을 수행하고 위탁수수료를 지급 받는 방식은 **사업 위탁형**이다.
② **사업 위탁(수탁) 방식**은 토지소유자와 수탁업자 간에 **수수료 문제**가 발생할 수 있다.

③ 부동산 개발 노하우나 **자금이 부족한 토지소유자**가 신탁회사에 토지를 신탁하면 신탁회사가 개발 등을 대신하고 그 수익을 토지소유자에게 돌려주는 신탁상품은 **토지 개발 신탁**이다.

④ **사업 신탁형**은 토지소유자로부터 **형식적인 소유권을 이전**받은 신탁회사가 토지를 개발·관리·처분하여 그 수익을 수익자에게 돌려주는 방식이다.
⑤ **토지 신탁 방식**에서는 건설단계의 **부족 자금**은 **신탁업자**가 조달한다.

(3) 기타 방식

① **등가 교환 방식**은 토지소유자가 토지를 제공하고, 개발업자가 건물을 건축하여 그 **기여도에 따라** 토지와 건물의 **지분을 나누는 방식**이다.

② **컨소시엄**은 대규모 개발에 필요한 사업자금을 조달하고 부족한 기술을 상호 보완하기 위하여 **법인 간 컨소시엄**을 구성하여 사업을 수행하는 방식이다.

약 자	• B: 민간이 건설(built)
	• T: 주무관청에 소유권을 양도(transfer)
	• O: 운영(operate)을 통해 개발비용을 회수
	• L: 임대차(lease)를 통해 개발비용을 회수

(1) BTO / BTL 방식

BTO 방식	• 민간이 사회간접시설을 건설(B)하고, 소유권을 주무관청에 양도(T)한 후, 일정 기간 시설에 대한 운영권(O)을 부여받는 방식
	• 도로, 터널 등 대부분의 사회간접시설에 활용되는 방식
BTL 방식	• 민간이 사회간접시설을 건설(B)하고, 소유권을 주무관청에 양도(T)한 후, 정부 등에 그 시설을 임차(L)하는 방식
	• 건물, 기숙사, 도서관, 군인아파트 등에 활용되는 방식

(2) BOT / BLT 방식

① BOT(built-operate-transfer) 방식은 민간이 사회간접시설을 **건설(B)**하고, 일정기간 소유하면서 **운영(O)**을 한 후, 계약기간 종료 시점에 소유권을 주무관청에 **양도(T)**하는 방식이다.

② BLT(built-lease-transfer) 방식은 민간이 사회간접시설을 **건설(B)**하고, 일정기간 주무관청에 **임차(L)**해주고, 임차기간이 종료되면 소유권을 주무관청에 **양도(T)**하는 방식이다.

(3) BOO 방식

① BOO(built-own-operate) 방식은 민간이 사회간접시설을 **건설(B)**하여, 해당 시설의 **소유권(O)**을 갖고, 시설을 **운영(O)**하는 방식이다.

01 복합 관리

기술적 관리	토지 관리	경계 확정, 경계 측량, 사도 방지, 옹벽 설치 등
	건물 관리	위생·보안·보전 관리, 시설 관리 등
	기 타	건물과 부지의 부적응 개선
경제적 관리		• 인력 관리: 인사 관리, 노무 관리 • 순수익 관리, 손익분기점 관리, 회계 관리 등
법률적 관리		임대차 계약, 공법상 인허가 신고, 권리관계의 조정 등

02 관리 내용(범위)

시설 관리	의 미	시설의 운영 및 유지를 목적으로 하는 관리
	성 격	소극적 관리(요구에 부응하는 관리), 기술적 관리
재산 관리	의 미	부동산 임대차 수익의 극대화를 목적으로 하는 관리
자산 관리	의 미	자산의 가치를 증진시킬 수 있는 다양한 방법을 모색하는 관리
	내 용	• 포트폴리오 관리 • 프로젝트 파이낸싱(PF) • 부동산 매입 및 매각 관리 • 재투자 또는 재개발 결정, 리모델링 결정

03 관리 방식(주체)

자가 관리	장 점	• 단독주택 등 소규모 부동산에 유효한 방식 • 강력한 지시 · 통제 • 신속한 의사결정, 종합적인 업무 처리 • 기밀 유지 및 보안의 측면에서 유리
	단 점	• 관리의 전문성 결여 • 관리의 타성(惰性 ; 게으름)이 발생 가능
위탁 관리	장 점	• 공동주택 등 대형 부동산에 유효한 방식 • 효율적이고 합리적인 계획관리
혼합 관리	장 점	자가에서 위탁으로 이행하는 과도기에 유용한 방식
	단 점	문제가 발생한 경우, 관리의 책임 소재가 불분명

04 관리의 구체적 내용

① 유지 활동이란 **외형을 변화시키지 않으면서** 양호한 상태를 지속시키는 행위이다.

② **비율임대차**는 기본임대료 외에 **총수입의 일정 비율**을 임대료로 지불하는 방식이다.

③ 임차부동산에서 발생하는 **총수입**(매상고)의 **일정 비율**을 임대료로 지불하는 방식은 임대차 유형 중 **비율임대차**이다.

01 마케팅의 이해

의 미	수익을 극대화하기 위해 행하는 기업의 모든 활동
중요성	소비자 주도 시장으로의 전환

⬥ 마케팅의 구분

시장점유 마케팅	• 공급자 중심의 전략 • STP 전략, 4P mix 전략
고객점유 마케팅	• 소비자 행동 이론 차원 • AIDA 원리
관계 마케팅	• 지속적인 상호 작용을 강조 • 브랜드, 이미지 강조

02 STP, 4P MIX(시장점유 마케팅의 세부 전략)

(I) STP 전략

시장 세분화 (Segmentation)	• 시장을 세분하는 단계 • 소비자 집단을 다양한 특성에 따라 세분하는 단계
목표 시장 설정 (Targeting)	• 기업이 목적에 부합하는 시장을 선택하는 단계 • 세분된 소비자 집단에서 목표 집단을 선정하는 단계
포지셔닝 (Positioning)	• (다른 기업 또는 다른 제품과의) 차별화 • (고객의 마음, 고객의 지각 속에) 위치 설정

① **포지셔닝**(positioning)이란 목표 시장에서 경쟁 제품과 **차별성**을 가지도록 제품 개념을 정하고 **소비자**의 지각 속에 적절히 **위치**시키는 것이다.

② 분양 성공을 위해 아파트 브랜드를 고급스러운 이미지로 **고객의 인식**에 **각인**시키도록 하는 노력은 STP 전략 중 **포지셔닝** 전략에 해당한다.

(2) 4P MIX 전략

제품 (Product)	• 기존과 차별화된 아파트 평면 설계 • 지상 주차장의 지하화, 보안설비의 디지털화 • 아파트 체육시설 및 커뮤니티 시설의 설치
가격 (Price)	• 가격수준 정책 : 시가, 저가, 고가 • 가격 신축성 정책 : 단일 가격, 신축 가격
유통경로 (Place)	• 직접 판매 전략 • 분양대행사를 활용하는 전략 • 중개업소를 활용하는 전략
촉진 (Promotion)	• 광고, 홍보, 인적판매 • 기타 판매촉진 : 사은품 및 경품 제공

03 AIDA 원리(고객점유 마케팅 세부 전략)

의 미	소비자가 상품을 구매할 때까지 나타나는 심리 변화 4단계
내 용	• 주의(Attention) • 관심(Interest) • 욕망(Desire) • 행동(Action)

(1) 입지계수 계산

각 지역과 산업별 고용자 수가 다음과 같을 때, A지역 X산업과 B지역 Y산업의 입지계수(LQ)를 올바르게 계산한 것은? (단, 결과값은 소수점 셋째 자리에서 반올림함) 30회

구 분		A지역	B지역	전 지역 고용자 수
X산업	고용자 수	100	140	240
	입지계수	(㉠)	1.17	
Y산업	고용자 수	100	60	160
	입지계수	1.25	(㉡)	
고용자 수 합계		200	200	400

① ㉠: 0.75, ㉡: 0.83
② ㉠: 0.75, ㉡: 1.33
③ ㉠: 0.83, ㉡: 0.75
④ ㉠: 0.83, ㉡: 1.20
⑤ ㉠: 0.83, ㉡: 1.33

◆ 정답 ③

CHAPTER

08

토지경제와 지리경제

박문각 공인중개사

01   차액지대와 절대지대

(1) (리카도) **차액지대론**

의 미	비옥도에 따른 생산력(수확량) 차이에 의해 발생하는 지대
가 정	• 비옥한 토지의 희소성 • 수확체감의 법칙
한 계	한계지(최열등지)의 지대 발생을 설명하지 못한다.

① 차액지대설에 따르면 **지대**는 가격을 구성하는 **비용**이 **아니라** 경제적 **잉여**에 **해당**한다.

(2) (마르크스) **절대지대론**

의 미	소유권에 의해 비옥도와 상관없이 지불되는 지대
장 점	한계지(최열등지)의 지대 발생을 설명할 수 있다.

02   위치지대와 입찰지대

(1) (튀넨) **위치지대**

의 미	위치에 따른 수송비의 차이에 의해 발생하는 지대
가 정	• 위치에 따라 수송비에 차이가 있다. • 위치에 따라 곡물가격과 생산비는 동일하다.

◆ 토지이용형태 / 입찰지대

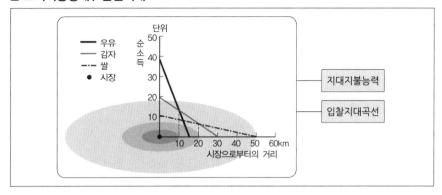

(2) (알론소) **입찰지대론**

배 경	튀넨의 농촌 토지 이론을 도시에 적용
의 미	토지이용자가 지불하고자 하는 최대 금액

03 기타 지대이론

(1) (마샬) **준지대**

의 미	단기에 공급이 제한된 생산요소(기계·기구)의 사용대가
내 용	• 준지대는 토지 이외의 고정생산요소에 귀속되는 소득이다. • 단기에만 나타나는 현상으로 영구적인 것은 아니다.

(2) (파레토) **경제지대**

의 미	생산요소가 얻는 총소득에서 이전수입(전용수입)을 차감한 부분
내 용	이전수입(전용수입) : 어떤 생산요소가 현재 용도에서 다른 용도로 이전(전용)되지 않기 위해, 지급해야 하는 최소한의 금액이다.

01　(버제스) 동심원 이론

의 미	도시(시카고 시)는 동심원을 형성하며 모든 방향으로 성장한다.
배 경	튀넨의 토지이용구조를 도시 구조에 적용시킨 이론이다.
내 용	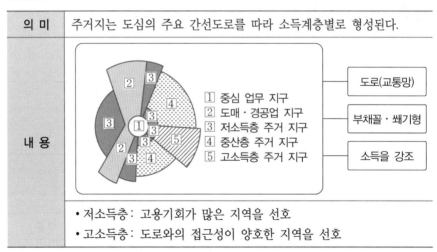

02　(호이트) 선형 이론

의 미	주거지는 도심의 주요 간선도로를 따라 소득계층별로 형성된다.
내 용	

• 저소득층 : 고용기회가 많은 지역을 선호
• 고소득층 : 도로와의 접근성이 양호한 지역을 선호

03 (해리스·울만) 다핵심 이론

의 미	도시의 구조는 수 개의 핵을 중심으로 형성되는 다핵 구조이다.
특 징	기능이 다양한 현대 도시의 특징이다.
다핵의 원인	• 동종 활동의 집적 • 이종 활동의 분산 • 특정 위치의 요구 • 지대지불능력의 차이

01　(베버) 최소비용이론

의 미	비용이 최소인 지점이 공장의 최적 입지이다.
내 용	• 베버는 산업입지에 영향을 주는 요인으로 수송비, 노동비, 집적이익을 들었으며, 그중 가장 중요한 요인은 수송비라고 주장하였다. • 베버는 최소 수송비 지점, 노동비 절약의 지점, 집적이익이 가장 큰 지점 등을 차례로 분석하여 전체 생산비가 최소가 되는 지점이 최적 입지라고 하였다.

① **등비용선**은 최소수송비 지점으로부터 기업이 입지를 바꿀 경우, 이에 따른 **추가적인 수송비 부담액**이 **동일한** 지점을 연결한 곡선이다.
② 베버는 운송비의 관점에서 특정 공장이 원료지향적인지 또는 시장지향적인지 판단하기 위해 **원료지수**(material index)를 사용하였다.

02　(뢰쉬) 최대수요이론

의 미	수요가 최대인 지점이 최적의 공업입지이다.
내 용	• 뢰쉬는 최소비용이론을 부정하고 총소득, 즉 수요를 최대로 할 수 있는 지점을 강조하였다. • 뢰쉬는 수요 측면에서 기업은 시장 확대 가능성이 가장 높은 지점에 위치해야 한다고 보았다.

상업 입지 이론

01 **크리스탈러의 중심지 이론**

(1) 용어 정의

중심지	상업 기능을 제공하는 지역
배후지(보완지역)	상업 서비스를 제공받는 지역

최소요구치	중심지가 존속하기 위해 필요한 최소한의 고객 수
최소요구치 범위	최소요구치가 존재하는 범위
재화의 도달 범위	중심지 기능이 미치는 한계 거리

① **최소요구치**란 중심지 기능이 유지되기 위한 최소한의 수요 요구 규모를 말한다.
② **재화의 도달 범위**란 중심지 활동이 제공되는 공간적 한계로서 중심지로부터 상업기능에 대한 수요가 '0'이 되는 지점까지의 거리를 말한다.

(2) 내 용

중심지의 생성 조건	최소요구치 < 재화의 도달 범위
중심지 계층	• 고차 중심지 : 수는 적고, 중심지 간의 거리는 멀다. • 저차 중심지 : 수는 많고, 중심지 간의 거리는 짧다.

중력 모형

(1) (레일리) **소매인력법칙**

의 미	$$\text{레일리의 유인력} = \frac{\text{크기(인구수, 매장면적)}}{\text{거리}^2}$$
내 용	어떤 지역에 중심지가 미치는 영향(유인력)은 중심지 크기에 비례하고, 중심지까지의 거리 제곱에 반비례한다.

(2) (허프) **확률 모형**

의 미	$$\text{허프의 유인력} = \frac{\text{크기(인구수, 매장면적)}}{\text{거리}^k}$$ k : 마찰계수
내 용	고객이 매장을 방문할 확률은 1. 점포의 면적이 클수록 증가한다. 2. 경쟁 점포 수가 많을수록, 점포와의 거리가 멀어질수록 감소한다.

(3) (컨버스) **분기점 모형**

배 경	레일리의 모형을 수정
의 미	두 경쟁지역 사이의 상권의 경계, 즉 분기점을 찾는 모형

03 (넬슨) **소매 입지 이론**

① **넬슨의 소매 입지 이론**은 특정 점포가 최대 이익을 얻을 수 있는 매출액을 확보하기 위해서는 **어떤 장소에 입지하여야 하는지**를 제시하였다.

상업 입지 계산 문제

(1) 중력모형 계산

레일리(W. Reilly)의 소매인력법칙을 적용할 경우, 다음과 같은 상황에서 (   )에 들어갈 숫자로 옳은 것은? 26회

> • 인구가 1만명인 A시와 5천명인 B시가 있다. A시와 B시 사이에 인구 9천명의 신도시 C가 들어섰다. 신도시 C로부터 A시, B시까지의 직선거리는 각각 1km, 2km이다.
> • 신도시 C의 인구 중 비구매자는 없고 A시, B시에서만 구매활동을 한다고 가정할 때, 신도시 C의 인구 중 A시로의 유인 규모는 (㉠)명이고, B시로의 유인 규모는 (㉡)명이다.

① ㉠: 6,000   ㉡: 3,000   ② ㉠: 6,500   ㉡: 2,500

③ ㉠: 7,000   ㉡: 2,000   ④ ㉠: 7,500   ㉡: 1,500

⑤ ㉠: 8,000   ㉡: 1,000

◆정답 ⑤

허프(D. Huff)모형을 활용하여 X지역의 주민이 할인점 A를 방문할 확률과 A의 월 추정매출액을 순서대로 나열한 것은? 28회

- X지역의 현재 주민 : 4,000명
- 1인당 월 할인점 소비액 : 35만원
- 공간마찰계수 : 2
- X지역 주민은 모두 구매자이고, A, B, C 할인점에서만 구매한다고 가정

구 분	할인점 A	할인점 B	할인점 C
면 적	500m²	300m²	450m²
X지역으로부터의 거리	5km	10km	15km

① 80%, 10억 9,200만원   ② 80%, 11억 2,000만원
③ 82%, 11억 4,800만원   ④ 82%, 11억 7,600만원
⑤ 82%, 12억 400만원

◆ 정답 ②

컨버스(P. Converse)의 분기점 모형에 기초할 때, A시와 B시의 상권 경계지점은 A시로부터 얼마만큼 떨어진 지점인가? 32회

- A시와 B시는 동일 직선상에 위치하고 있다.
- A시의 인구 : 64만명
- B시의 인구 : 16만명
- A시와 B시 사이의 직선거리 : 30km

① 5km   ② 10km
③ 15km   ④ 20km
⑤ 25km

◆ 정답 ④

CHAPTER

09

감정평가론

CHAPTER

09

감정평가론

52 감정평가의 이해
53 지역분석과 개별분석
54 부동산 가격 원칙
55 감정평가에 관한 규칙
56 감정평가 방식
57 물건별 주된 평가방법
58 토지 가격 공시 제도
59 주택 가격 공시 제도

박문각 공인중개사

감정평가의 이해

01 감정평가의 의미

정 의	감정평가란 토지 등의 경제적 가치를 판정하여 그 결과를 가액(價額)으로 표시하는 것을 말한다(감정평가 및 감정평가사에 관한 법률 제2조).

02 가치와 가격

가치 (Value)	의 미	• 재화의 쓸모 있음의 정도 • 장래 기대되는 이익을 현재가치로 환원한 값
	특 징	• 주관적 · 추상적 개념 • 현재의 값 • 다양한 가치가 존재
가격 (Price)	의 미	시장에서 재화가 실제 거래된 금액
	특 징	• 객관적 · 구체적 개념 • 과거의 값 • 일정 시점에 하나만 존재

① **가치**는 사람에 따라 달라지는 **주관적 · 추상적**인 개념이고, **가격**은 가치가 시장을 통하여 화폐단위로 구현된 **객관적 · 구체적**인 개념이다.

② **가치**는 **현재의 값**이고, **가격**은 실제 거래된 금액으로 **과거의 값**이다.

③ **가치**는 일정 시점에 **다양하게 존재**하지만, **가격**은 일정 시점에 **하나만 존재**한다.

03 가치발생요인

효 용	인간의 필요나 욕구를 만족시켜 줄 수 있는 재화의 능력
상대적 희소성	인간의 욕구에 비해 재화의 양이 상대적으로 부족한 현상
유효수요	구매력 또는 지불능력을 갖춘 수요
	일부 학자는 '권리의 이전 가능성'을 추가하기도 함.

① **효용은 인간의 필요나 욕구를 만족시켜 줄 수 있는 재화의 능력**을 의미한다. 부동산의 **효용**은 주거지는 쾌적성, 상업지는 수익성, 공업지는 생산성으로 표현된다.

② **상대적 희소성**이란 수요에 비해 공급이 **상대적**으로 부족한 상태이다.

③ **유효수요**란 대상 부동산을 구매하고자 하는 욕구로 **지불능력(구매력)을 갖춘 수요**이다.

④ 일부 학자는 **권리의 이전 가능성**을 가치발생요인에 **포함**하기도 한다.

04 가치형성요인

의 미	가치형성요인이란 대상 물건의 경제적 가치에 영향을 미치는 일반요인, 지역 요인 및 개별 요인 등을 말한다(감칙).
일반 요인	우리나라가 가지고 있는 일반적 특성
지역 요인	부동산이 속한 지역이 가지고 있는 특성
개별 요인	개별 부동산이 가지고 있는 특성

지역분석과 개별분석

01 지역분석

의 미	가치형성요인 중 지역 요인을 분석하여, 지역 내 부동산의 표준적 이용과 지역의 가격수준을 판정하는 활동	
내 용	목 적	• 표준적 이용 • 지역의 가격수준
	특 징	거시적 · 전체적 · 광역적 분석
	활 용	• 적합의 원칙 • 경제적 감가(외부적 감가)

02 개별분석

의 미	가치형성요인 중 개별 요인을 분석하여, 대상 부동산의 최유효이용과 구체적 가격을 판정하는 활동	
내 용	목 적	• 최유효이용 • 개별적 · 구체적 가격
	특 징	미시적 · 부분적 · 국지적 분석
	활 용	• 균형의 원칙 • 기능적 감가(내부적 감가)

♠ 지역분석의 대상 지역

① **인근지역**은 감정평가의 **대상이 된 부동산이 속한 지역**으로서 부동산의 이용이 동질적이고 가치형성요인 중 **지역 요인**을 공유하는 지역이다.
② **유사지역**은 **대상 부동산이 속하지 아니하는 지역**으로서 **인근지역과 유사한 특성을 갖는 지역**이다.

③ **동일수급권**은 대상 부동산과 대체·경쟁 관계가 성립하고 가치형성에 서로 영향을 미치는 다른 부동산이 존재하는 권역으로, 인근지역과 유사지역을 **포함**하는 광역적인 권역이다.

♠ 지역분석과 개별분석의 비교

① **지역분석**은 해당 지역의 **표준적 이용**의 장래 동향을 명백히 하고, **개별분석**은 해당 부동산의 **최유효이용**을 판정한다.
② **지역분석**은 그 **지역에 속하는 부동산의 가격수준**을 판정하는 과정이고, **개별분석**은 **개별 부동산의 구체적 가격**을 판정하는 과정이다.

③ **지역분석**은 거시적 개념이고, **개별분석**은 미시적 개념이다.
④ **지역분석**은 개별분석 **전**에 이루어지는 것이 일반적이다.

부동산 가격 원칙

01 토대가 되는 원칙 : 변동의 원칙

의 미	부동산 가격은 끊임없이 변동한다.
활 용	기준시점 확정의 근거

02 외부 원칙 : 적합의 원칙

의 미	부동산의 유용성이 최고가 되기 위해서는 외부 환경과 적합하여야 한다.
활 용	지역분석 / 경제적 감가

① 복도의 천장 높이를 과대 개량한 전원주택이 냉·난방비 문제로 시장에서 선호도가 떨어진다. 이 사례는 **균형의 원칙**으로 설명할 수 있다.

03 내부 원칙 : 균형의 원칙

의 미	부동산의 유용성이 최고가 되기 위해서는 내부 구성요소에 균형이 있어야 한다.
활 용	개별분석 / 기능적 감가

① 서민들이 거주하는 단독주택지역인 A지역에 개발업자가 고급주택을 건축하자, 고급주택의 가격이 건축비용에도 미치지 못하였다. 이 사례는 **적합의 원칙**으로 설명할 수 있다.

(1) 기준시점 기준

> ① **기준시점**이란 대상 물건의 감정평가액을 결정하는 **기준**이 되는 **날짜**를 말한다.
> ② **기준시점**은 대상 물건의 **가격조사를 완료한 날짜**로 한다.
> 다만, 기준시점을 미리 정하였을 때에는, 그 날짜에 **가격조사가 가능한 경우**에만 기준시점으로 할 수 있다.

(2) 시장가치 기준

> ① **기준가치**란 감정평가의 **기준**이 되는 **가치**를 말한다.
> ② 대상 물건에 대한 감정평가액은 **시장가치**를 기준으로 결정한다.
> ③ **시장가치**란 대상 물건이 **통상적인 시장**에서 충분한 기간 동안 거래를 위하여 공개된 후 그 대상 물건의 내용에 정통한 당사자 사이에 신중하고 자발적인 거래가 있을 경우 **성립될 가능성이 가장 높다고 인정되는 가액**을 말한다.

> ④ 감정평가법인 등은 다음 어느 하나에 해당하는 경우에는 대상 물건의 감정평가액을 **시장가치 외의 가치**를 기준으로 결정**할 수 있다.**
> 1. 법령에 다른 규정이 있는 경우
> 2. 감정평가 의뢰인이 요청하는 경우
> 3. 사회통념상 필요하다고 인정되는 경우
>
> ⑤ **시장가치 외의 가치**의 성격과 특성을 **검토하여야 한다.**

(3) 현황 기준

① 감정평가는 **기준시점**에서의 대상 물건의 **이용상황**(불법적이거나 일시적인 이용은 제외한다) 및 **공법상 제한을 받는 상태**를 기준으로 한다.

② 감정평가법인 등은 다음 어느 하나에 해당하는 경우에는 기준시점의 가치형성 요인 등을 실제와 다르게 가정하거나 특수한 경우로 한정하는 **조건**을 붙여 감정평가**할 수 있다.**
   1. 법령에 다른 규정이 있는 경우
   2. 감정평가 의뢰인이 요청하는 경우
   3. 사회통념상 필요하다고 인정되는 경우

③ 감정평가**조건**의 합리성, 적법성 및 실현가능성을 **검토하여야 한다.**

(4) 개별물건 기준

① 감정평가는 대상 물건마다 **개별**로 하여야 한다.

② **둘 이상의 대상 물건이 일체로 거래**되거나 대상물건 상호간에 용도상 불가분의 관계가 있는 경우에는 **일괄**하여 감정평가할 수 있다.

③ **하나의 대상 물건이라도 가치를 달리하는 부분**은 이를 **구분**하여 감정평가할 수 있다.

④ **일체로 이용되고 있는** 대상 물건의 **일부분**에 대하여 감정평가하여야 할 특수한 목적이나 합리적인 이유가 있는 경우에는 그 **부분**에 대하여 감정평가할 수 있다.

01 감정평가 방식의 구분

(1) 방법의 구분

원 리	가액을 산정하는 방법	임대료를 산정하는 방법
• 시장성 원리 • 비용성 원리 • 수익성 원리	• 거래사례비교법 • 원가법 • 수익환원법	• 임대사례비교법 • 적산법 • 수익분석법

(2) **감정평가 방식**(감정평가에 관한 규칙 제11조)

① 원가방식 : **원가법** 및 **적산법** 등 **비용성**의 원리에 기초한 감정평가방식

② 비교방식 : **거래사례비교법, 임대사례비교법** 등 **시장성**의 원리에 기초한 감정평가방식 및 **공시지가기준법**

③ 수익방식 : **수익환원법** 및 **수익분석법** 등 **수익성**의 원리에 기초한 감정평가방식

(1) 거래사례비교법

정 의	대상 물건과 가치형성요인이 같거나 비슷한 물건의 거래사례와 비교하여 대상 물건의 현황에 맞게 사정보정, 시점수정, 가치형성요인 비교 등의 과정을 거쳐 대상 물건의 가액을 산정하는 감정평가방법
수 식	거래사례 거래가격 × (사 × 시 × 지 × 개) = 비준가액

거래사례비교법으로 산정한 대상 토지의 비준가액은? [31회]

- 평가대상토지 : X시 Y동 210번지, 대, 110m², 일반상업지역
- 기준시점 : 2020. 9. 1.
- 거래사례
  - 소재지 : X시 Y동 250번지
  - 지목 및 면적 : 대, 120m²
  - 용도지역 : 일반상업지역
  - 거래가격 : 2억 4천만원
  - 거래시점 : 2020. 2. 1.
  - 거래사례는 정상적인 매매임
- 지가변동률(2020. 2. 1. ~ 9. 1.) : X시 상업지역 5% 상승
- 지역요인 : 대상토지는 거래사례의 인근지역에 위치함
- 개별요인 : 대상토지는 거래사례에 비해 3% 우세함
- 상승식으로 계산할 것

❶ **정답** 237,930,000원

(2) 공시지가기준법

정 의	대상 토지와 가치형성요인이 같거나 비슷하여 유사한 이용가치를 지닌다고 인정되는 표준지공시지가를 기준으로 대상 토지의 현황에 맞게 시점수정, 지역요인 및 개별요인 비교, 그 밖의 요인의 보정을 거쳐 대상토지의 가액을 산정하는 감정평가방법
수 식	표준지공시지가 × (시 × 지 × 개 × 그 밖의 요인) = 토지가액
특 징	• 거래사례 대신 표준지공시지가를 기준으로 한다. • 사정보정 절차가 없다.

공시지가기준법으로 산정한 대상토지의 단위면적당 시산가액은? ^{34회}

• 대상토지 : A시 B구 C동 120번지, 일반상업지역, 상업용
• 기준시점 : 2023. 10. 28.
• 표준지공시지가(A시 B구 C동, 2023. 01. 01. 기준)

기 호	소재지	용도지역	이용상황	공시지가(원/m²)
1	C동 110	준주거지역	상업용	6,000,000
2	C동 130	일반상업지역	상업용	8,000,000

• 지가변동률(A시 B구, 2023. 01. 01. ~ 2023. 10. 28.)
  − 주거지역 : 3% 상승
  − 상업지역 : 5% 상승
• 지역요인 : 표준지와 대상토지는 인근지역에 위치하여 지역요인 동일함
• 개별요인 : 대상토지는 표준지 기호 1에 비해 개별요인 10% 우세하고, 표준지 기호 2에 비해 개별요인 3% 열세함
• 그 밖의 요인 보정 : 가치형성요인이 유사한 정상적인 거래사례 및 평가사례 등을 고려하여 그 밖의 요인으로 50% 증액 보정함
• 상승식으로 계산할 것

◆ 정답 12,222,000원/m²

(3) 원가법

정 의	대상 물건의 재조달원가에 감가수정을 하여 대상 물건의 가액을 산정하는 감정평가방법
수 식	재조달원가 − 감가수정 = 적산가액

원가법으로 산정한 대상 물건의 적산가액은? 31회

- 사용승인일의 신축공사비 : 6천만원(신축공사비는 적정함)
- 사용승인일 : 2018. 9. 1.
- 기준시점 : 2020. 9. 1.
- 건축비지수
  - 2018. 9. 1. = 100
  - 2020. 9. 1. = 110
- 경제적 내용연수 : 40년
- 감가수정방법 : 정액법
- 내용연수 만료시 잔가율 : 10%

◆ 정답 63,030,000원

(4) 수익환원법

정 의	대상 물건이 장래 산출할 것으로 기대되는 순수익이나 미래의 현금흐름을 환원하거나 할인하여 대상 물건의 가액을 산정하는 감정평가방법
구 분	• 직접환원법 : 순수익 / 환원율 • 할인현금흐름분석법

직접환원법으로 산정한 대상부동산의 수익가액은?

- 가능총소득(PGI) : 70,000,000원
- 공실상당액 및 대손충당금 : 가능총소득 5%
- 영업경비(OE) : 유효총소득(EGI)의 40%
- 환원율 : 10%

◆정답 399,000,000원

물리적 투자결합법에 의한 (종합)환원율은?

- 대상부동산의 가치구성비율 : 토지(60%), 건물(40%)
- 토지환원율 : 5%, 건물환원율 : 10%

◆정답 (종합)환원율 : 7%

(1) **임대사례비교법**

정 의	대상 물건과 가치형성요인이 같거나 비슷한 물건의 임대사례와 비교하여 대상 물건의 현황에 맞게 사정보정, 시점수정, 가치형성요인 비교 등의 과정을 거쳐 대상 물건의 임대료를 산정하는 감정평가방법
수 식	임대사례 임대료 × (사 × 시 × 지 × 개) = 비준임료

(2) **적산법**

정 의	대상 물건의 기초가액에 기대이율을 곱하여 산정된 기대수익에 대상 물건을 계속하여 임대하는 데에 필요한 경비를 더하여 대상 물건의 임대료를 산정하는 감정평가방법
수 식	(기초가액 × 기대이율) + 필요제경비 = 적산임료

(3) **수익분석법**

정 의	일반 기업 경영에 의하여 산출된 총수익을 분석하여 대상 물건이 일정한 기간에 산출할 것으로 기대되는 순수익에 대상 물건을 계속하여 임대하는 데에 필요한 경비를 더하여 대상 물건의 임대료를 산정하는 감정평가방법
수 식	순수익 + 필요제경비 = 수익임료

01 부동산 등

토 지	공시지가기준법
건 물	원가법
임대료	임대사례비교법

02 기타 물건

산 림	• 산지와 입목을 구분하여 평가 • 입목: 거래사례비교법 / 소경목림: 원가법
자동차 등	• 자동차: 거래사례비교법 • 건설기계, 선박, 항공기: 원가법
과수원	거래사례비교법

광업재단	수익환원법
권 리	• 영업권, 특허권, 실용신안권, 상표권 등: 수익환원법 • 상장채권, 상장주식: 거래사례비교법
기업가치	수익환원법

토지 가격 공시 제도

01 **표준지공시지가**

결정 주체	국토교통부장관
공시기준일	1월 1일(원칙)
공시사항	• 표준지의 지번 / 표준지의 단위면적당 가격 • 면적 및 형상 / 주변토지의 이용 / 지목, 용도지역, 도로
효력 (활용)	• 지가 정보 제공 • 일반적인 토지거래의 지표 • 국가 · 지방자치단체 등이 지가를 산정하는 경우에 기준 • 감정평가법인이 토지를 감정평가하는 경우에 기준
이의신청	공시일로부터 30일 이내 / 국토교통부장관에게

① 국토교통부장관이 **표준지공시지가**를 조사 · 평가할 때에는 업무실적, 신인도 등을 고려하여 **둘 이상**의 **감정평가법인등**에게 이를 **의뢰**하여야 한다.

② **표준지공시지가**는 토지시장의 **지가정보**를 **제공**하고, **일반적인 토지거래**의 **지표**가 된다.

③ 표준지공시지가는 **국가 · 지방자치단체** 등이 그 업무와 관련된 지가를 산정하거나 **감정평가법인**이 개별적으로 토지를 감정평가하는 경우에 그 **기준**이 된다.

결정 주체	시장, 군수, 구청장
공시기준일	1월 1일(원칙)
공시사항	
효 력	국세 · 지방세 부과를 위한 지가산정
이의신청	결정 · 공시일로부터 30일 이내 / 시장, 군수, 구청장에게

① **표준지로 선정된 토지, 조세 또는 부담금 등의 부과대상이 아닌 토지,** 그 밖에 대통령령으로 정하는 토지에 대하여는 **개별공시지가를 결정 · 공시하지 아니할 수 있다.**
   이 경우 **표준지로 선정된 토지**에 대하여는 해당 토지의 **표준지공시지가**를 **개별공시지가**로 본다.

② 시장 · 군수 또는 구청장은 **공시기준일 이후에 분할 · 합병이 발생한 토지**에 대하여는 **대통령령이 정하는 날**(7월 1일 또는 내년 1월 1일)을 **기준**으로 하여 개별공시지가를 결정 · 공시하여야 한다.

③ 시장 · 군수 또는 구청장이 **개별공시지가를 결정 · 공시하는 경우**에는 해당 토지와 유사한 이용가치를 지닌다고 인정되는 하나 또는 둘 이상의 **표준지의 공시지가를 기준**으로 **토지가격비준표**를 **사용**하여 지가를 산정하되, 해당 토지의 가격과 표준지공시지가가 균형을 유지하도록 하여야 한다.

01 표준주택가격

결정 주체	국토교통부장관
공시기준일	1월 1일(원칙)
공시사항	• 표준주택의 지번 / 표준주택가격 • 표준주택의 대지면적 및 형상 / 지목, 용도지역, 도로 • 주택의 용도, 연면적, 구조 및 사용승인일
효 력	개별주택가격의 산정 기준
이의신청	공시일로부터 30일 이내 / 국토교통부장관에게

① **국토교통부장관**은 용도지역, 건물구조 등이 일반적으로 유사하다고 인정되는 일단의 **단독주택 중에서 선정한 표준주택**에 대하여 매년 공시기준일 현재의 적정가격(이하 "표준주택가격")을 조사·평가하고, **중앙**부동산가격공시위원회의 심의를 거쳐 이를 공시하여야 한다.

② 국토교통부장관은 **표준주택가격**을 조사·산정하고자 할 때에는 **한국부동산원**에 **의뢰**한다.

③ **표준주택가격**은 국가·지방자치단체 등이 그 업무와 관련하여 **개별주택가격**을 산정하는 경우에 그 **기준**이 된다.

02 개별주택가격

결정 주체	시장, 군수, 구청장
공시기준일	1월 1일(원칙)
공시사항	
효 력	과세 등의 기준
이의신청	결정·공시일로부터 30일 이내 / 시장, 군수, 구청장에게

① 표준주택으로 선정된 단독주택, 국세 또는 지방세 부과대상이 아닌 단독주택에 대하여는 개별주택가격을 결정·공시하지 아니할 수 있다.
이 경우 표준주택으로 선정된 주택에 대하여는 해당 주택의 표준주택가격을 개별주택가격으로 본다.

② 시장·군수 또는 구청장은 공시기준일 이후에 토지의 분할·합병이나 건축물의 신축 등이 발생한 경우에는 대통령령으로 정하는 날(6월 1일 또는 내년 1월 1일)을 기준으로 하여 개별주택가격을 결정·공시하여야 한다.

③ 시장·군수 또는 구청장이 개별주택가격을 결정·공시하는 경우에는 해당 주택과 유사한 이용가치를 지닌다고 인정되는 표준주택가격을 기준으로 주택가격비준표를 사용하여 가격을 산정하되, 해당 주택의 가격과 표준주택가격이 균형을 유지하도록 하여야 한다.

결정 주체	국토교통부장관
공시기준일	1월 1일(원칙)
공시사항	
효 력	과세 등의 기준
이의신청	결정·공시일로부터 30일 이내 / 국토교통부장관에게

제36회 공인중개사 시험대비 **전면개정판**

2025 박문각 공인중개사
국승옥 부동산학개론 꾹간장

초판인쇄 | 2024. 10. 25.   **초판발행** | 2024. 10. 30.

편저 | 국승옥 편저   **발행인** | 박 용   **발행처** | (주)박문각출판

등록 | 2015년 4월 29일 제2019-000137호

주소 | 06654 서울시 서초구 효령로 283 서경 B/D 4층

팩스 | (02)584-2927   **전화** | 교재 주문 (02)6466-7202, 동영상문의 (02)6466-7201

저자와의
협의하에
인지생략

정가 13,000원

ISBN 979-11-7262-279-4